KB095875

기꺼이 오십,

나를 다시 배워야 할 시간

기꺼이 오십,

나를 다시 배워야 할 시간

한혜경 지음

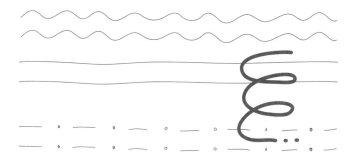

월요일의꿈

오십에 나를 쓴다는 것

이 책을 쓰게 된 배경을 설명하기 위해서는 3년 전 여름, 후배 S로부터 '자기 역사'를 같이 써보자는 다소 엉뚱한 제안을 받았던 그때로 돌아가야 한다. S는 일본 작가 다치바나 다카시가 쓴《자기 역사를 쓴다는 것》◆ 까지 보여주면서 이렇게 말했다.

"저도 이 책에 나오는 것처럼 나의 역사를 써보고 싶어요. 제 글쓰기도 손봐줄 겸 이참에 선배도 같이 쓰시죠."

S는 평소 친하다고 생각한 몇몇 주변 사람에게도 자기 역사를 함께 써보자고 권유했지만 "글 쓰는 게 부담스럽다" "내 과거를 왜 남겨야 하느냐?" 등의 이유를 대며 모두 거절했다면서 주변에 사람은 많지만 관심과 흥미를 공

유할 수 있는 '동지'가 없다는 생각에 아쉽고 슬프다는 말도 덧붙였다.

그의 이야기를 들으니 나라도 동지가 되어 주어야 할 것 같았다. 아니 그보다도 이 일이 후배 S의 삶에 엄청 중요한 계기가 될 것이라는 직감이 왔다. 그래서 이렇게 화끈하게 말해버렸다.

"그럼 우리 둘이 시작하지 뭐. 둘이면 뭐 어때? 당장 시작하자."

이렇게 갑자기 '나의 역사 쓰기'가 시작되었다. 하지만 매주 만날 때마다 엄청난 양의 이야기를 거침없이 쏟아내는 S와는 달리, 난 슬슬 눈치를 보면서 꾀를 부렸다. 난 앞만 보며 바쁘게 달려온 사람이었다. '모닝 페이지(아침에 일어나자마자 의식의 흐름에 따라 자신의 생각을 적는 것)'나 이런저런 원고를 쓰면서 내 마음을 들여다보는 일에는 익숙했지만 내 과거 이야기를 길게 쓴다는 생각은 한 번도 해본 적이 없었다. 할 일도 많은데, 왜 이 시점에, 그것도 왜 과거를 돌아봐야 해? 과거보다 '지금 여기'가 더 중요한 거 아냐? '카르페 디엠, 현재를 살아라'는 말은 동서고금의

♦ 《자기 역사를 쓴다는 것》은 일본 릿쿄대에서 2008년부터 운영하고 있는 '릿쿄 세컨드 스테이지 대학(50세 이상을 위한 1년제 대학과정)'에서 개설한 '현대사 속의 자기 역사'라는 강좌의 내용과 운영과정, 수강생들이 직접 쓴 '자기 역사'의 실제 사례를 흥미진진하게 엮은 책이다.

진리 아닌가? 이런 생각을 하며 투덜대느라 쓸 시간이 없었다.

약간의 두려움이 있었던 것도 사실이다. '생전 처음 보는 낯설고 이상한 아이가 툭 튀어나와 힘겹게 얻은 지금의 평화를 깨뜨리면 어떻게 하지? 이 나이에?'라는 걱정도 있었다. 그렇다고 최근의 이야기를 쓰는 것도 내키지 않았다. 다 아는 뻔한 이야기가 아닌가. 이제 와서 바꿀 수도 없는 지난 이야기를 쓰는 게 무슨 소용이 있을까? '소용'과 '쓸모' 위주의 생각과 계산이 나를 가로막았다.

하지만 나이가 들수록 후배가 더 무서운 법이다. 이미 "선배, 왜 내 이야기만 까발려야 해요? 같이 쓰자는 게 처음의 취지 아니었나요?"라는 거친 항의도 두어 번 받은 참이었다. 쓰지 않고 버티다가는 두고두고 욕을 먹을 것 같았다. 그래서 결심했다. 이참에 나에 대해서도 좀 더 자세히 알아보기로. 이 나이에도 내가 어떤 사람인지 이해하기 힘들 때가 많지 않았나, 언젠가는 직면해야 할 과거이자 역사가 아닌가, 더 늦기 전에 써봐야지, 과거에 얽힌 부정적인 감정에 대해서도 다시 꺼내 보고 뭔가 다른 '해석'을 내릴 수 있을지 생각해봐야지 하고 마음먹었다. 코앞에 닥친 은퇴 후의 삶을 어떻게 꾸려가야 할 것인가라는 문제에 대해서도 생각해보고 싶었다.

결과는 기대 이상이었다. 불과 두 달 만에 엄청난 양

의 글을 써낸 S는 더 빨리 자신의 과거를 돌아보고 써봤더라면 훨씬 좋았겠다고 말했다. 실제로 그는 아픈 이야기를 용기 있게 드러낸 후에 훨씬 자유로워 보였다. 소설《데미안》에 나오는 주인공 데미안과 에밀 싱클레어의 자아 찾기 여정처럼 알을 깨고 나오는 듯한 고통 끝에 자기를 찾았다고나 할까. 자기 자신에 대한 불안감이 없어지고 혼자 있는 시간을 소중히 여기게 되었다는 말도 했다.

내 경우에도 마찬가지. 무엇보다 앞으로 어디서 무엇을 하며 어떻게 지낼지에 관해 기대 이상의 통찰을 얻을 수 있었다. 신기한 건 본문을 쓰기도 전에, 나의 '역사 연표'를 통해 목차를 만드는 과정에서 갑자기 이런 생각이 떠올랐던 것이다. '아, 난 이제부터는 글 쓰는 일에 몰두해야겠다. 은퇴한 후에도 여기저기 돌아다니지 말고 계속 글을 써야겠다. 평온할 때도 또는 마음을 다치거나 고통스러운 시간이 올 때도 글 쓰는 사람으로서의 정체성을 갖고 살아야겠다.'

갑자기 왜 그런 생각이 떠올랐는지 한마디로 설명하기는 어렵다. '더 나아가라'는 일종의 '진격 명령'을 들은 것 같기도 하고, 좀 거창하게 말하면 그것 없이는 내 삶의 진정한 의미를 찾을 수 없을 것이라는 '소명의식' 때문인 것 같기도 하고, 여전히 쓸 것이 많다는 생각을 한 것 같기도 하다. 어쨌든 신기한 건 그때 그런 생각을 한 덕분에 지금 이런 글도 쓰고 있다는 사실이다.

이 과정을 통해 '나의 역사 쓰기'가 가진 힘이 엄청나게 크다는 걸 깨달은 나는 2019년 1월부터 '디어 마이 라이프(Dear My Life)'를 기획하고 실행하였다. 다섯 명 정도의 작은 그룹을 구성하여 각자 자신의 역사를 써보도록 이끄는 일이었다. 첫 모임에서 자기 역사 쓰기에 관한 간단한 강의와 설명을 한 후에 참가자가 직접 자신의 '역사 연표'를 만들어봄으로써 자기 인생의 변곡점을 찾아보도록 하고, 자신이 앞으로 써나갈 글의 목차를 만들도록 했다. 목차만 만들어도 나의 역사의 반은 쓴 셈이다. 이제부터는 목차에 따라 꾸밈없이 진솔한 과거 이야기를 연속적으로, 구체적으로 쓰면 되는 일이었다.

글쓰기가 두렵다는 사람도 있지만 글을 잘 써야 한다고 강조해본 적은 한 번도 없다. 이 작업의 목적은 멋진 글을 쓰는 것이 아니기 때문이다. 글을 수정하고 다듬는 일은 나중에라도 얼마든지 할 수 있다. 더 중요한 것은 스스로가 자기의 과거와 현재를 얼마나 깊고 솔직하게 들여다보고 표현하는가 하는 점이다.

이 프로그램을 진행하면서 참가자들에게 변화가 일어나는 걸 목격할 때마다 신기했다. 마치 큰 둑이 허물어지면서 그 안에 갇혀 있던 강물이 거침없이 쏟아지는 걸 보는 느낌이랄까? 출구를 찾지 못한 채 자기 안에 갇혀 있던 이야기들이 문자의 형태로 원고지 위에 쏟아지자 누구는 자기 자신에 대해 미처 알지 못했던 걸 알게 되었다고 하고, 누구는 오랜 상처가 치유되었다고 하고, 누구는 아이들에게 자기 이야기를 남길 수 있어서 좋다고 했다. 나는 이 모든 과정의 산파이자 목격자가 된 기분이었다. 내가 주로 한 일은 원고를 발표할 때 잘 듣고 "이 부분에 대해 좀 더 자세하게 설명해주시겠어요?"라든가 "이 작업을 하고 난 후의 기분이 어땠나요?" 같은, 약간의 질문을 하는 정도였는데 말이다.

6개월 만에 역사 쓰기를 마친 C씨가 '후기'에서 "오십이 되기 전에 나의 역사를 썼다면 암에 걸리지 않았을 것이다"라는 글을 발표했을 때, 참가자들의 얼굴에 놀라움과 안타까움이 교차되고 누군가는 조용히 눈물을 훔치던 그 순간의 기억이 지금도 생생하다. 자기 안에 오십 넘은 아이가 아직도 울고 있다는 걸 깨달았다는 사람도 있었고, 아픔이나 상처 때문에 마음이 알아서 닫아 버린 것들 때문에 괴로웠다는 이야기도 많았다. 그동안 만들어온 편견과 고정관념에 대해 "진작 알았더라면… 다르게 살았을 텐데"라면서 후회하는 사람도 있었다.

누군가는 물을지도 모른다. 왜 지나간 아픈 이야기를 되새겨야 하는가? 그런 건 하루빨리 잊는 게 낫지 않은가?

하지만 과거의 비극에 대해 마치 아무 일도 없었다는

듯이, 아픔도 슬픔도 죽음도 전혀 없었던 것처럼 말쑥한 표정을 짓는다고 과거가 사라지는 건 아니다. 게다가 100세 시대 아닌가. 삶은 아직도 길게 남아 있다. 더 늦기 전에 과거의 부정적인 기억에 대해 눈을 감지 않고, 온갖 삶의 고통을 견디던 어둡고 구불구불한 과거의 기억을 복원해보는 건 매우 가치 있는 일이라고 확신한다. 그건 과거의 불행과 잘못을 반복하지 않을 수 있다는 실용적인 측면에서뿐 아니라 인생의 희로애락을 받아들이고 통합함으로써 더 나은 미래로 나아가는 힘을 얻을 수 있기 때문이다.

　　물론 참가자들의 과거 이야기가 모두 어둡고 비극적이기만 했던 건 아니다. 역사 쓰기를 통해 그동안 몰랐던 자신의 장점과 잠재력, 자기 인생의 긍정적인 측면을 새롭게 발견했다는 이야기도 많았다. "그동안 무가치하고 지리멸렬한 인생이라고 생각했는데 막상 쓰고 보니 꽤 괜찮은 인생이었다. 나 스스로를 긍정하는 계기가 되었다." "이제 보니 작고 귀여운 상처일 뿐이었는데…. 그동안 자기 연민이 너무 심했다"라고 쓴 참가자도 있었고, 누군가는 "내 인생의 퍼즐을 이제야 맞춘 느낌이다. 50대가 되었는데도 늘 내가 무엇을 좋아하는지, 어떻게 살고 싶은지를 모른다고 생각했는데, 이번에 그 이유가 가족이나 사회로부터 받은 것만큼 돌려주지 못하고 있다는 부채감, 일종의 죄책감이라는 걸 알 수 있었다"고 밝혔다. "어린 시절과 20대, 30대,

40대를 돌아보면서 지금의 내가 과거의 나를 지지하고 응원하고 사랑할 수 있어서 행복했다"고 말하는 사람도 있었다.

또 하나 신기했던 건 자기 역사를 쓰는 작업이 자연스럽게 미래로, 미래의 새로운 기대와 희망으로 연결되었다는 점이다. 마치 내가 자기 역사를 다 쓰기도 전에, 목차를 만드는 과정에서 앞으로 '글 쓰는 사람'으로서의 정체성을 갖고 살아야겠다고 결심했던 것처럼 말이다.

그래서 더 많은 사람이 자기 역사를 쓰는 작업을 통해 자기 안에 존재했으나 미처 깨닫지 못했던 자아를 발견하고, 과거의 기억을 통해 현재를 풍성하게 하며, 내 안에 잠자고 있던 꿈과 기대, 열정을 다시 기억하고 불러냄으로써 더 나은 미래로 나아갈 수 있기를 바라는 마음으로 이 책을 썼다.

특히 이 책이 오십 전후의 사람들을 타깃으로 삼은 이유는 그동안 30대부터 80대 초반까지의 다양한 연령층에 속한 사람들을 대상으로 프로그램을 진행해본 결과, 오십 즈음이 '나의 역사' 쓰기에 가장 적합하고 의미 있는 나이라는 결론에 도달했기 때문이다. 100세 시대에 오십이라는 나이는 매우 중요하고 상징적이다. 우선 자기 인생에 대한 중간 점검이 반드시 필요한 나이이다. 단순히 잘 살았다, 못 살았다 식의 평가가 아니라(그런 건 더 늦게 해도 된다)

자기 자신의 선호나 선택, 의지 같은 것들을 보다 입체적으로 살펴보는 시간, 때로는 냉정하게 돌아보는 중간 평가의 시간이 꼭 필요하다. 오십이란 더 이상 실패를 부모 탓, 운명 탓, 남 탓으로 돌릴 수 없는 나이이고, 적당한 타협이나 '쓰담쓰담' '토닥토닥'만으로는 인생의 험한 고개를 넘을 수 없고, 그렇다고 내 인생을 남에게 완전히 의탁할 수도 없다는 걸 확실하게 깨닫는 나이이니까 말이다.

　오십에는 돌아볼 과거도 충분하므로 쓸 말도 많다. 인생의 오르막과 내리막, 성공과 실패, 그리고 좌절까지 두루두루 경험했기 때문에 인생의 전체상이 한눈에 들어오고, 복기해야 할 과거 이야기도 충분히 쌓여 있다. 그뿐인가. 오십은 과거라는 풍부한 지하자원을 활용하여 꿈꿀 수 있는 미래 또한 풍성하게 남아 있는 나이이다. 100세 시대를 살아가기 위한 희망적 기획이 꼭 필요한 나이인 것이다.

　게다가 최근의 뇌과학 연구결과에 의하면 오십 무렵의 뇌가 인생에서 가장 우수하다고 한다. 정보 처리속도나 세부사항을 기억하는 정확도, 주의력 같은 건 20대보다 떨어지지만, 종합적인 사고능력, 언어 기억, 공간지각능력, 귀납적 추리 차원에서는 50대가 최고의 수행능력을 보인다는 것이다. 또한 50대에는 최근 일을 기억하는 단기기억력은 다소 떨어지지만 정말 기억해야 할 중요한 정보는 더잘 기억할 수 있다고 한다. 그러므로 이왕이면 뇌의 기능이 가장 뛰어난 시기에 자기 역사를 써놓으라고 권하고 싶다.

물론 자기 역사를 쓴다고 해서 갑자기 '희망이 뭉게 구름처럼 피어오르고, 장밋빛 미래가 펼쳐질 것이다'라는 식의 말을 하려는 건 아니다. 역사 쓰기를 마치자마자 갑자기 인생의 암호를 해독할 수 있거나 '아 당신은 이러이러한 사람이군요. 그러니 이제부터는 이렇게 사세요' 같은 인생 지침이 뜨는 것도 아니다.

하지만 그동안 이 프로그램을 진행하면서 '나의 역사 쓰기'를 마친 사람들에게 기적 같은 변화가 일어나는 걸 직접 보고 체험했다는 말은 다시 한번 강조하고 싶다. 역사 쓰기를 통해 자신이 누구인지를 배우고 깨달은 사람들의 얼굴에 환한 빛이 떠오르는 걸 여러 번 목격했다는 말도 꼭 전하고 싶다. 일종의 '메타인지'가 생기기 때문인지도 모른다. 즉 자기 생각에 대해 판단하는 능력, 자기가 아는 것과 모르는 것을 정확히 파악하는 능력 말이다. 자신이 누구인지를 정확히 알고, 자기 생각에 대해 잘 판단할 수 있다면 아무리 힘들고 절망스러운 상황이라 하더라도 포기하지 않고 다시 일어설 수 있는 '힘'을 가지게 될 것이라는 확신도 가지게 되었다.

오십 즈음의 당신, 비록 그동안 정신없이 살았고 헉헉 가쁜 숨을 몰아쉬며 앞만 보고 달려왔지만, 당신은 이제야 인생의 첫 가을을 맞는 셈이다. 첫 번째 나를 추수하고 두 번째 나를 심어야 할 시간이 다가온 것이다. "그래, 첫 번째 인생을 사는 동안 난 뭘 몰랐어. 봄 날씨는 지나치게 변덕스러웠고 여름은 너무 뜨거웠어. 그래서 시행착오도 많았어. 하지만 두 번째 삶은 좀 다르게 살고 싶어"라면서 다음 50년을 위한 희망찬 인생 전략을 새롭게 짜야 할 때가 된 것이다.

부디 나의 역사 쓰기를 통해 내가 잊고 있던 것은 무엇이며 기억해야 할 것은 무엇인가에 대해 스스로 질문을 던져보기 바란다. 이를 통해 세상에서 가장 우아하게 '나'를 배우는 시간을 가질 수 있기를 바란다. 당신의 감정을 새로운 깊이에서 통찰할 수 있기를, 당신에 대한 새로운 감수성을 개척하고 표현할 수 있기를 바란다. 당신의 역사를 다 쓰고 난 후에 이렇게 외칠 수 있기를 기대한다.

"어라? 쓰고 보니 이게 나였네, 나도 잘 모르던 그런 나였네!"

이 세상에 하나밖에 없는 당신에 관한 '텍스트'를 통해 앞으로 남은 삶에 대한 새로운 기대와 희망의 이야기를 쓸 수 있기를, 100세 시대를 여는 황금열쇠를 손에 쥘 수 있기를 희망한다. BTS가 만든 〈소우주〉라는 노래의 가사처럼. "우린 빛나고 있네, 각자의 방 각자의 별에서. 모두 소중한 하나, 한 사람에 하나의 역사, 70억 가지의 world."

마지막으로 그동안 '디어 마이 라이프'에 참여한 이

들이 이 책의 주인공이라는 점을 강조하고 싶다. 이들의 진솔하고 진지한 삶의 스토리가 없었다면 이 책은 나올 수 없었을 것이다. 특히 자신이 쓴 글을 이 책에 인용하도록 허락해준 이들에게 감사드린다. 극히 개인적인 내용을 포함한 글이기 때문에 실명을 밝히지는 못했으나 여기 인용된 글은 오탈자나 완전히 틀린 표현을 제외하고는 수정하지 않은 '진짜 이야기'라는 점을 밝혀둔다.

목차

●

2장.
50년간 켜켜이 쌓인 묵은 때들: 그간 만들어온 편견과 고정관념에 대하여

3장.
울고 있는 50세 아이:
상처에 또 상처,
마음이 닫아버린 것들에 대하여

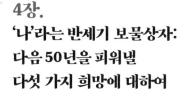

4장.
'나'라는 반세기 보물상자:
다음 50년을 피워낼
다섯 가지 희망에 대하여

좀 더 일찍
나의 역사를 썼더라면
나는 암에
걸리지 않았을 것이다

1장.

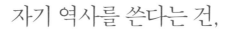

자기 역사를 쓴다는 건,

세상에서 가장 우아하게
나를 다시 배우는 시간

자기 역사를 쓰는 목적이나 목표는 사람마다 다르다. 그동안 내가 진행한 역사 쓰기 프로그램에 참여했던 이들도 마찬가지였다.

○ 내 삶이 왜 그리 고단했는지 그 이유를 알아보고 싶다
○ 내 인생을 한번 정리해볼 때가 되었다고 생각했다
○ 내가 어떤 사람인지 알아보고 싶다

○ 제일 친한 친구가 이제 더 이상 하소연을 들어주기 싫다고 화를 냈을 때 정신이 번쩍 들었다. 내 상처를 모두 털어놓을 곳이 필요했다

○ 나이 들수록 부모님의 일대기가 궁금해진다. 부모님들이 당신들의 삶을 잘 기록해두었으면 얼마나 좋았을까 생각하면 안타깝다. 아이들에게 내 삶의 이야기를 남겨놓고 싶다.

정답은 없다. 하지만 내가 생각하는 자기 역사 쓰기의 가장 중요한 목적은 바로 '나를 배우는 것'이다. 특히 오십은 더 늦기 전에 나를 배워야 하는 나이라고 생각한다. 젊었을 때는 나에 대해 "넌 이런 사람이구나, 저런 사람이구나." "넌 이렇게 살아야 해, 저렇게 해야 해." 굳이 가르쳐 달라고 하지 않는데도 가르쳐 주려는 사람이 많았다. 너무 많아서 성가실 정도로. 하지만 오십이 넘으면 나에 대해 말해주는 사람도, 뭔가를 가르쳐주는 사람도 점점 없어진다.

그런데 세상은 빠르게 변하고 있다. 4차산업혁명의 물결이 다가온다고 한바탕 들썩이더니 엉뚱하게 코로나까지 덮치면서 2025년쯤에나 실현될 것으로 예상했던 재택근무, 줌 화상회의, 온라인 수업 등이 널리 퍼지고, 세상은 어지러울 정도로 빨리 변하고 있다. 세상의 변화는 앞으로도 다방면에서 가속도를 낼 것으로 보인다.

하필 이런 때 오십 즈음인 사람들, 아마 당신은 인생에서 가장 바쁜 시기를 살고 있을 것이다. 가족 내에서도 부모님과 아이들 사이에서 할 일이 많고, 사회적으로도 허리 역할을 맡고 있으므로 아마 윗세대와 더 젊은 세대 사이에서 이쪽저쪽 눈치 보기에 바쁘고 혼란스럽고 갈피를 잡을 수 없을 것이다.

오십은 어중간한 나이이다. 한편에선 벌써 '꼰대' 소리를 듣고, 연금을 계산해야 하는 나이라고 말하는데, 또 다른 한편에선 앞으로도 수십 년을 더 살아야 하는 '한창나이'라고 말한다. 사실 한창나이라는 말에도 일리는 있다. 100세 시대 아닌가. 평균수명이 6, 70년이라면 그냥 모든 것 내려놓고 마음 다잡으며 평화롭게 살고 싶은 마음도 들겠지만 앞으로도 4, 50년을 더 살아야 한다면 이야기는 달라진다.

다음은 "코로나 백수"라고 자신을 소개한 A씨가 '미리 쓰는 후기'에서 이번에 자기 역사를 써보려고 결심한 이유를 밝힌 글이다. 그가 이 글을 발표하자 또래 참가자들은 뜨거운 공감을 표시했다. 오십을 앞둔 사람의 막막함, 앞으로 어떻게 살아야 할지에 대한 고민을 잘 담고 있었기 때문이다.

또다시 백수가 되었다. 어차피 프리랜서고, 백수 경력

한두 번이 아닌데도 이번에는 왠지 가슴이 덜컹 내려앉았다. 이런 기회에 실컷 잠이라도 자면 좋을 텐데 잠도 오지 않는다. 불면증에 걸린 백수라니, 최악의 조합이었다. 하루종일 "테스형 세상이 왜 이래, 사는 게 왜 이렇게 힘들어"라는 가사가 입안에 맴돈다. 정말 왜 이렇게 힘들까? 나이 때문인가? 마흔여덟. 오십이 코앞인 올드걸이다. 아니 나이가 문제가 아니다. 난 길을 잃어버렸다. 누구는 이제라도 공부를 더 해야 한다고 하고 누구는 내 나이에 대학원에 가는 건 돈 낭비, 인생 낭비이니 절대로 가지 말라고 한다. 누구는 오십이면 다 내려놓아야 할 때라고 하고 누구는 이제부터 시작이라고 한다. 난 결혼을 한 번도 해보지 않았는데 누구는 차근차근 졸혼을 준비하고 있다며 희망에 찬 얼굴로 말한다. 몇 년 전까지만 해도 남들이 그런 말을 할 때마다 난 귀를 쫑긋쫑긋 세웠다. '그래? 그렇구나~ 저렇구나~ 나도 저렇게 살아봐야겠구나~', 하지만 이젠 지쳤다. 아니 더 이상 그렇게는 살 수 없다. 난 나를 알아야 한다. 사는 게 왜 이렇게 힘든지, 나는 왜 열심히 살려고 하는지, 나는 언제 행복한지…. 전에는 그 답을 밖에서 찾으려 했다. 하지만 그 답은 내 안에 있을 것이다. 이젠 나 자신이 '테스형'이 되어야 한다.

과거 속에 묻혀 있는 내 인생의 해답, 어떻게 꺼내 볼 수 있을까?

◇

그렇다. 내 인생의 해답은 내 안에 있다. 정확히 말하면 내 과거의 맥락을 찾아가다 보면 그곳에 해답이 있다. 세계적인 영성 지도자이자 심리치료사인 토마스 무어(Thomas Moore)의 표현대로 과거는 현재 삶의 원료이며, 현재를 의미 있게 하는 이미지와 이야기의 풍부한 저장고이다. 그러니 나의 과거를 돌아보면서 그동안 내 인생의 방향이 어디를 향하고 있었는지를 기억해볼 필요가 있다.

스티브 잡스가 스탠퍼드대학교 졸업식 축사에서 말했던 '점 잇기(connecting the dots)', 즉 '점은 앞을 보고는 이을 수 없다. 뒤를 돌아볼 때 비로소 그 점들을 이을 수 있다'는 말도 과거를 자세히 살펴보아야 자신의 인생을 제대로 이해할 수 있다는 뜻이다. 대학 입학 후 6개월 만에 학교를 중퇴한 후 청강생이 된 스티브 잡스가 아름다운 캘리그래피에 매료되어 글씨를 예술적으로 디자인하는 방법에 대해 배울 때만 해도 그는 그것이 자신의 인생에 어떤 도움이 될지, 아니 도움이 되긴 할지에 대해 아무것도 알 수 없었다. 하지만 10년 후 매킨토시를 설계할 때 그는 세상에서 가장 아름다운 폰트를 가진 컴퓨터를 만들게 된다. 스티브 잡스는 이에 대해 이런 말을 남겼다.

"아무 연관도 없는 것 같던 점들이 나중에 보니 하나로 이어졌다. 미래를 내다볼 때는 알 수 없었지만 한참 후 그 시간을 뒤돌아봤을 때 비로소 그 사실을 알 수 있었다."

직업심리학 분야의 대가인 존 크럼볼츠(John D. Krumboltz)의 '계획된 우연성 이론(Planned Happenstance Theory)'도 유명하다. 그는 처음에 인생의 80퍼센트가 생각지도 못한 장면에서, 생각지도 못한 사람과의 만남에 의해서 결정된다는 '우연성 이론'을 발표했다. 즉 우리 인생의 상당 부분이 우연한 만남이나 사건으로 결정되거나 방향이 전환된다는 것. 하지만 크럼볼츠는 우연한 사건이 어떤 사람에게는 '기회'로 바뀌기 때문에 단순히 우연이라고 말하기는 힘들다는 점에서 처음에 주장했던 우연성 이론을 '계획된 우연성 이론'으로 수정하여 명명했다.

그렇다. 인생은 그저 흘러가는 것 같고, 우리의 삶은 우연한 사건들이 아무렇게나, 무작위적으로 축적된 것처럼 보일 때가 많다. 이런 무작위적인 삶 속에서 우리의 가치가 무엇인지, 어떤 경험이 긍정적인 것인지, 혹은 부정적인 것인지 그 순간에는 알 수 없다. 인생은 한참 후에 그 시간을 되돌아봤을 때 비로소 알 수 있는 것이다. 마치 인생이라는 퍼즐을 맞추듯 "아, 그때 그 일이 지금의 나를 만들었구나"라고 말할 수 있는 것이다. 인생에서 가장 힘겹고 스트레스가 심했던 순간이 결국 성장의 계기가 되기도 하고, 인생에서 가장 행복하고 잘나가던 때가 가장 위험한 때였다는 걸 뒤늦게 깨닫기도 한다.

나의 역사 쓰기는 나의 과거를 통해 나를 배우는 가장 확실한 방법이다. 나의 역사 쓰기를 통해 나의 과거와 경험을 돌아보고 기억해보면서 여기저기 흩어진 인생의 조각을 맞추고 서사를 만들어본다면 스티브 잡스가 말한 그 '점'이 무엇이었는지, 그 점들이 어떻게 이어져 왔는지를 깨달을 수 있을 것이다. 존 크럼볼츠가 말한 '계획된 우연성'이 바로 이런 것이었구나 하고 알아챌 수 있을 것이다.

그래서 《나와 마주서는 용기》의 저자인 로버트 캐플런 하버드대 교수도 자기 역사를 쓴다는 것은 자신을 있는 그대로 바라보기 위한 연습 과정이며, 이 과정을 통해 자신의 삶을 되돌아본다면 자신의 현재 모습이 과거의 경험에서 비롯된 모든 선택의 결과라는 것을 인지할 수 있다고 말한다.

과거와 현재, 미래는 모두 이어져 있다. 과거를 바꿀 수는 없다. 하지만 현재의 자신을 이해하기 위해서는 과거를 돌아보고 이해하는 과정이 반드시 필요하다.

SNS에 올려진 나,
그런데 그게 진짜 나일까?

◇

누군가는 물을 것이다. "꼭 나의 역사를 써야만 나를 배울 수 있나요?" 그렇지는 않다. 사색이나 명상을 통해서, 혹은 책이나 전문가와의 상담 같은 걸 통해서도 나를 배울 수 있다. 비록 길고 지루하고 힘든 과정이 되겠지만 말이다. 그 외에 혹시 SNS에 올려진 과거의 내 모습을 통해서도 나를 배울 수 있을까? 역사 쓰기 프로그램에 참여했던 B씨도 비슷한 생각을 했던 것 같다. 그는 'SNS에 올려진 내가 진짜 나일까?'라는 질문을 스스로에게 던지고는 이렇게 답했다.

이번에 나의 역사를 쓰기 위한 자료를 찾기 위해 꽤 오랫동안 글을 올렸던 싸이월드와 블로그, 최근에 사진을 주로 올렸던 인스타그램을 훑어보았다. 분명 거기에도 나는 있었다. 잊고 있었던 과거의 글을 보며 '아, 그때 이런 생각도 했네?' 새삼 감탄하기도 했다. 그런데 그게 진짜 나였을까? 이번에 자세히 보니, 10분의 1도 내가 아니었다. 솔직하게 쓰려는 마음이 없지는 않았는데 실제로는 나를 미화하고 전시하느라 바빴다. '흥, 알 게 뭐야. 어차피 모르는 사람들인데….' 이런 식의 뻔뻔함이 나를 사로잡았다. 특히 인스타에 올린 내 모습에는 그동안 겪었던 고통과 슬픔이 모조리 생략되어 있었다. 게다가 연예인도 아닌 주제에 악마의 편집은 또 왜 그리 심했는지 내가 봐도 얼굴이 화끈거렸다. 남들의 SNS를 보고 부러워하며 이불킥하던 내가 얼마나 어리석었는지도 확실히 깨달았다.

B씨의 말처럼, SNS에 올려진 나의 모습도 나를 파악할 수 있는 빅데이터 중 일부인 것은 사실이다. 하지만 지나치게 단편적이고 주관적인 단면일 뿐이다. 오죽하면 "당신의 삶이 당신의 페이스북만 같기를!" 같은 덕담이 있겠는가?

따라서 SNS에 나타난 과거를 통해 나를 배우기는 힘들다. 생각해보라. SNS에 올려진 글이나 사진을 보면서 '오, 그래, 이런 때도 있었지' '이렇게 행복한 순간도 있었구나'라며 감상에 빠지고 '그때 쓴 글이 꽤 괜찮았네'라며 조그만 위로를 받을 수 있을지는 몰라도 주먹을 불끈 쥐곤 '오, 그래 이게 바로 나였어! 이게 정말 진정한 나라고!' 소리치며 감격하는 사람이 얼마나 있을까?

남에 대해서도 마찬가지다. 우리가 어떤 사람을 알고 싶을 때 SNS를 통해 그 사람의 관심 분야나 일상의 모습,

취향 등을 파악할 수는 있지만, 그건 어디까지나 참고사항일 뿐, 그게 그 사람의 모든 것이라고 생각하지는 않는다. 그런 정보는 극히 주관적이고 단편적이며, 구체성도 부족하고 과장과 허세 또한 상당히 포함되어 있다는 걸 잘 알고 있기 때문이다.

역사 쓰기의 세 가지 원칙: 꾸밈없는 사실성, 연속성, 구체성

역사 쓰기는 그렇지 않다. 나의 역사를 쓴다는 건 SNS에 자신의 일부를 올리는 것과는 다르다. 달라도 한참 다르다. 긴 호흡으로 쓰는 자기 역사는 이 세상에 하나밖에 없는, 나에 관한 텍스트가 될 것이다. 우리는 자신이 직접 쓴 과거 이야기를 통해 내가 누구인가를 배울 수 있고, 미래의 길잡이로도 삼을 수 있을 것이다. 삶의 의미를 발견하고 확인하며, 때로는 새로운 의미를 구축할 수도 있다.

그런데 어떻게 그런 게 가능할까? 그건 (이제부터 쓰고자 하는) 나의 역사가 꾸밈없는 사실성과 객관성, 연속성, 구체성이라는 세 가지 원칙을 갖추고 있기 때문이다.

꾸밈없는 사실성과 객관성이란 나의 과거와 현재에 대해 있는 그대로 사실적으로, 마치 제삼자가 바라보는 것처럼 객관적으로 서술한다는 의미이다. 한마디로 나의 역사를 쓸 때 '진짜' 이야기를 쓰는 것이다. 즉 자신의 주관적인 관점을 최대한 배제하고, 실제로 있었던 과거의 팩트에 대해 담담하게 쓰는 것이다. 캐플런 교수가 자신의 과거에 대해 쓸 때 가능하면 기록하듯이 쓰라고 강조하는 것과 같은 맥락이다.

물론 기록하듯이 쓰라고 해서 "몇 월 며칠 모 회사에 입사했다. 2년 뒤에 퇴사했다. 6개월 후에 모 회사로 옮겨서 지금까지 다니고 있다. 끝." 이런 식으로 팩트만 나열하라는 뜻은 아니다. 최근 뇌과학에 의하면 뇌는 세상을 팩트 중심이 아니라 '이야기'로 기억한다고 한다. 즉 우리 인간은 기억 속에서 이야기를 끄집어내고 이야기를 통해서 자신을 재조명한다. 유발 하라리도 《21세기를 위한 21가지 제언》에서 "인류의 역사는 스토리다. 그리고 인간은 이야기로 사고한다. 인간은 사실과 숫자, 방정식보다는 이야기 안에서 생각한다"고 주장했다.

따라서 꾸밈없는 사실성과 객관성을 가지고 쓰라는 것은 과거에 있었던 사실에 대해 이야기 중심으로 쓰되 가능하면 어떤 사건이나 인물, 감정에 대해 옳다 그르다, 좋다 나쁘다, 긍정적이다 부정적이다 식의 즉각적이고 주관적인 가치 판단은 최대한 배제하고, 있는 그대로의 진짜 이야기를 쓰라는 의미이다.

일부 정치인이나 유명인사의 자전적 글이나 회고록, 자서전 등이 재미없는 가장 큰 이유도 바로 사실성과 객관성의 부족 때문이다. 밑도 끝도 없는 자기 자랑, 어차피 자기변명, 잘못했던 일이나 부끄러운 이야기에 대한 과감하고 대담한 생략, 급작스러운 해피 엔딩… 등등으로 점철된 이야기는 의미도 없고 설득력도 없다. 솔직함과 객관성을 갖춘 자기 성찰이 부족한 글은 그 어떤 울림도 주지 못한다. 자신에 대해 최대한 진실하려고 노력할 때 우리는 그 글을 통해 진정성 있는 뭔가를 배울 수 있다.

그렇다고 해서 '나의 기억이 사실일까?'라는 의문에 지나치게 집착할 필요는 없다. 어차피 인간의 기억은 불완전하고 자기중심적이기 때문이다. 우리 프로그램 참가자 중에도 자기가 30년 이상이나 잘못된 기억을 갖고 있었다고 고백한 이가 있었다. 둘째 딸이라서 항상 손해를 보았고 중학교 시절에는 어머니로부터 "도대체 넌 왜 그렇게 항상 불평불만이 많니?"라는 내용의 편지까지 받고 서러워서 울었던 기억을 갖고 있었는데, 최근에 문제의 편지를 찾아 다시 읽어보니 "우리 OO, 둘째라서 섭섭한 게 많지? 엄마도 네 마음 잘 알고 있단다"라는 내용이어서 당황스러웠다는 이야기였다. 그렇다. 인간의 기억은 얼마든지 왜곡될 수 있다. 인간인 이상 100퍼센트 사실만을 말할 수는 없을 것이다. 그럼에도 불구하고 최대한 있는 그대로 쓰려는 노력이 중요하다는 것을 강조하고 싶다.

혹시 사실적이고 꾸밈없는 글은 재미가 없을 거라고 생각하는가? 절대 그렇지 않다. 그동안 프로그램을 진행하면서 느낀 점은 평범한 사람들이 쓴 자기 역사, 자기 이야기가 어떤 문학작품 못지않게 흥미진진하다는 점이다. 참가자가 쓴 글을 함께 공유하는 과정에서 공감이 이루어지는 정도를 넘어 눈물을 흘린 적도 여러 번이다. 한 명이 울컥하면 모두가 울컥하고 한 명이 눈물을 흘리면 모두가 눈물을 흘렸다. 왜 그랬을까? 생각해보니, 무엇보다 이들이 쓴 자기 역사가 세상에 하나밖에 없는 진짜 이야기였기 때문이다. 오랜 세월 동안 차곡차곡 쌓아온 진짜 이야기로 꽉꽉 차 있는 글이 그 어떤 소설 못지않게 힘이 있고, 다이내믹하며, 재미있고, 감동적이라는 걸 새삼 깨달았다.

따라서 자기 역사를 쓸 때 최대한 사실적인 데이터를 가지고 쓰는 것이 좋다는 점을 다시 한번 강조하고 싶다. 어린 시절의 사진이나 일기장, 메모장 등등의 자료를 이용하는 것도 좋다. 가능하면 주관적인 감정과는 거리를 두어보라. 자신의 과거에 대해 지나친 비판이나 평가 또는 섣부른 결론을 내리는 것도 자제하자.

연속성이란 나의 과거를 연대기처럼 길게 연속적으로 서술하는 것을 의미한다. 즉 어떤 사건이나 특정 시점에 과도하게 얽매이지 말고 시간 순서로 써나가는 것이다. 물론 우리의 기억은 제멋대로다. 《의식》이라는 소설로 유명한 네덜란드 작가 세스 노터봄이 "기억은 마음 내키는 곳에 드러눕는 개와 같다"고 표현했을 정도다. 우리의 기억은 영화의 '플래시백' 기법처럼 과거와 현재를 자유롭게 넘나든다. (그래서 글을 쓸 때 기억이 나는 대로, 앞뒤로 왔다 갔다 하며 써나가거나 생각이 떠오를 때마다 메모를 해놓는 것도 좋은 방법이다.)

하지만 나의 역사를 쓸 때는 가능하면 연대순으로 차근차근 쓰라고 말하고 싶다. 캐플런 교수도 자신의 인생 스토리를 연대순으로 기록하라고 제안한다. 자신의 출생부터 부모님, 형제자매, 고향, 학창시절, 친구, 사회생활에서 겪은 일 등을 시간 순서대로 적다 보면 평소에는 미처 생각하지 못했던 기억과 경험을 떠올리게 될 것이라고 말하고 있다. 나는 특히 연대순으로 연속적으로 나의 역사를 쓸 때라야 비로소 우리 인생에서 관련 없어 보이던 일들이 서로 관계를 맺고 있다는 것을 더 잘 발견할 수 있고, 스티브 잡스가 말했던 인생의 '점 잇기'가 가능하다는 점을 강조하고 싶다.

특히 자기 역사를 쓸 때 어린 시절부터 쓰기 시작하라고 권유하는 이유는 어린 시절이 우리 삶에 미치는 영향이 생각보다 더 크기 때문이다. 32년 동안 트라우마 치료전문가로 활동한 독일의 심리치료사, 다미 샤르프(Dami Charf)는 어린 시절은 '비밀 창고'와 같아서 어른이 된 이

후에도 반복 재생된다고 주장한다. 우리가 잘 기억하지 못하는 어린 시절의 경험들이 생애 초기에 몸과 뇌의 구조를 형성하는 데 지대한 영향을 미치고, 신경계에 각인되어 세월이 흘러도 여전히 큰 영향을 미친다는 것이다.

물론 어린 시절의 이야기를 쓰는 것이 힘들고 괴로울 수 있다. 우리 프로그램 참여자들도 그랬다. 어린 시절 이야기를 돌아보는 게 너무 싫고 두려워서 역사 쓰기를 하고 싶지 않았다고 말하는 사람도 여럿 만났다. 하지만 어린 시절을 돌아보는 게 두려우면 두려울수록 더 늦기 전에 용기를 내보라고 말하고 싶다. 그래야 힘든 과거로부터 벗어나는 첫걸음을 뗄 수 있기 때문이다.

한편 앞에서 B씨가 SNS에 올려진 자신의 모습이 자신의 진면목을 10분의 1도 담지 못했다고 말한 이유도 바로 연속성과 관련 있다. SNS에는 멋진 곳으로 여행 가서 길거리 카페에 앉아 있던, 그 달콤했던 한순간의 모습은 담겨 있지만 그 이후의 이야기, 긴 여행에서 돌아와 출근했을 때의 낯설고 어색한 느낌, 그 뒤로 쭉 이어지는 일상에 관한 길고 지루하고 짜증나는 이야기는 생략되어 있는 것이다. 하지만 나를 배우기 위해 정말 필요한 것은 바로 그 생략된 이야기 속의 내 모습이 아닐까. 숨겨진 나의 모습을 있는 그대로 바라봐야 하지 않을까. 그러므로 가능한 한 당신의 인생 스토리를 연대순으로 기록함으로써 당신의 과거를 연속성 있게 되살려보기 바란다.

구체성도 중요하다. 흔히 사람들은 자기 인생의 서사를 만드는 과정에서, 불필요해 보이거나 반복적이고 사소한 일들(이라고 스스로 생각하는 것들)은 생략하는 경향이 있다. '이런 이야기는 너무 평범하지 않아?' '너무 지루하지 않아?' '이런 이야기는 아무 의미가 없겠지?' '이런 이야기는 아무도 좋아하지 않을 거야'라며 스스로 평가하고 진단하면서 과감하게 삭제해버리는 것이다.

하지만 그동안 자기 역사 쓰기를 진행해오면서 4, 50년의 세월을 살아온 이야기는 그것이 누구의 것이든 간에 모두 하나같이 독특하고, 그래서 흥미롭다는 걸 깨달았다. 게다가 당신의 이야기가 생판 모르는 타인에게는 평범하고 사소한 내용일지 모르지만 당신 자신이나 가족에게는 세상에 하나밖에 없는 가장 소중하고 의미 있는 이야기라는 걸 잊지 않아야 한다.

50년의 살아온 이야기를 말로 하는 것과 글로 쓰는 건 정말 다르다는 점도 기억할 필요가 있다. 말로 한다면 시간상의 제약, 들어주는 사람의 사정 등을 감안하여 어떤 부분을 건너뛸 수밖에 없겠지만, 쓰는 건 그렇지 않다. 나의 역사를 쓴다는 건 긴 호흡으로 나 자신에게 나의 이야기를 들려주는 것이다. 그동안 남이 흉보지 않을까 싶었던 이야기, 부끄러운 내용이라 말하기가 꺼려졌던 이야기가 있는가? 그런 이야기도 모두 쓰시라. 무슨 내용이든 맘껏 써도 좋다. 그런 것들 역시 내 인생의 중요한 요소이므로 이참에 다 쓰고 넘어가도록 하자.

　나의 역사 쓰기는 문학작품을 쓰는 것과는 다르다. 우리의 삶은 소설 줄거리처럼 멋있거나 깔끔하지 않다. 실상은 소설보다 더 복잡다단하고 지지부진, 갈팡질팡, 우왕좌왕의 연속일지도 모른다. 나라는 사람만큼이나 나의 과거는 다면적이고 다층적이다. 따라서 나의 역사를 쓸 때는 명쾌하고 단일한 서사를 만들어내려고 노력하지 말고 내 인생의 구체적인 이야기를 기록하듯이 그대로 서술하는 것이 좋다. 정말 나 자신에 대해 배우고 싶다면 있는 그대로의 나와 직면해야 한다. 나에 대해 최대한 구체적이고 적나라하게 써보자. 디테일에 힘이 있다는 걸 기억하라.

쓰고 보니
이게 나였네!

　자, 다시 한번 이야기한다. 자기 역사를 쓴다는 건 나 자신을 있는 그대로 바라보기 위한 연습 과정이며, 세상에서 가장 우아하게 '나'를 배우는 시간이다. 혹시 '우아하게'라는 단어가 마음에 걸리는가? 이해한다. 쓴다는 건 쉽지 않은 일이고, 쓰는 과정은 결코 우아하지 않다. 이 글을 쓰고 있는 나 역시도 매일 실감하는 일이다!

하지만 내가 작가가 되어 내 인생 스토리를 써본다는 것, 글로 쓰인 나의 역사 안에서 수많은 '점'을 발견하고 이어볼 수 있다는 것, 이 세상에 하나밖에 없는 '나의 텍스트'를 가진다는 건 세상에서 가장 우아한 일이 아닐까? 당신의 역사를 다 쓰고 나면 당신은 이렇게 외칠 것이다.

"어라? 쓰고 보니 이게 나였네. 나도 잘 모르던 그런 나였네!"

처음부터 모든 것을 알고 시작한 게 아니었기에 더욱 신기한 마음이 들 것이다. 내가 쓴 역사를 통해 나의 감정을 새로운 깊이에서 통찰할 수 있으며, 나에 대한 새로운 감수성을 가질 수 있을 것이다.

유발 하라리는 이렇게 말했다.

"다른 나라의 문화나 미지의 생물, 머나먼 우주의 행성을 이해하기 위해 기꺼이 노력할 마음이 있다면, 우리의 마음을 이해하는 데 그만큼의 노력을 들이는 것 또한 가치 있는 일일 것이다."

내가 쓴 나에 대한 텍스트는 인생의 보물상자. 그 안에서 '자신의 생각에 대해 판단하는 능력'을 뜻하는 '메타인지'라는 무기와 함께 내 인생의 해답과 미래를 여는 황금열쇠도 찾을 수 있을 테니까. 자기 역사는 강렬하고 명확한 자의식으로 통하는 오솔길이다. 내가 진정 원하는 것과 궁극적으로 나에게 일어나야 할 변화에 대해 깨닫게 해줄 것이다. "괜찮아. 이만하면 됐어"라는 말 뒤에 숨은 나의 솔직한 마음을 느끼게 해줄 것이다. 힘든 일이 있을 때마다 내가 주로 사용했던 적응전략이 무엇이었는지 새삼 깨닫게 될 것이다. 그 전략을 지금 내 앞에 닥친 문제를 해결하는 데 적용해볼 수도 있을 것이다.

내가 가지고 있는 것과 가지지 못한 것, 강점, 약점 등을 확인함으로써 앞으로 닥칠 여러 가지 문제들, 인생의 위험에도 대처해볼 수 있을 것이다. 과거의 경험을 토대로 문제를 해결하는 통찰력을 얻음으로써 같은 실수를 반복하지 않을 것이다. 한마디로 우리는 자기 역사 쓰기를 통해 100세 시대에 더 잘 적응할 수 있는 지혜를 갖게 되고, 더 성숙하고 행복한 인생의 새 장을 열게 될 것이다.

그러므로 '쓴다'는 것에 너무 부담을 가지지 말고 일단 시작해보기 바란다. 지레 겁 먹지 말자. 자기 역사를 쓴다는 건 에세이나 소설을 쓰는 것과는 다르다. 독자를 의식할 필요가 없다. 그냥 자신의 진솔한 이야기를 있는 그대로, 자신의 언어로 쓰면 된다. 이야기를 다이내믹하게 만들고 멋있는 문장, 매끄러운 글을 쓰겠다는 욕심을 버리고, 최대한 어깨 힘을 빼고 시작해보기 바란다. 나의 과거로 떠나는 여행에 목걸이나 반지를 끼고 요란하게 치장할 필요는 없지 않은가. 또한 어법이나 맞춤법에도 너무 얽매이지 말자.

어디에서 태어났는지, 부모님은 어떤 사람이었는지, 그때 반경 5m 이내에 있던 사람은 누구였는지, 그들과의 관계는 어땠는지, 초등학교나 중학교, 고등학교 때 무슨 사건이 있었는지, 대학교 때나 직장생활 경험은 어땠는지, 결혼 및 출산이 당신의 인생에 어떤 영향을 미쳤는지, 현재의 가족관계는 어떠한지 등등에 대해 자세히 기록하기 시작하라. 가급적 연대순으로. 그리고 내 인생의 전환점을 만들어준 '변곡점'이 무엇이었는지를 찾아보라.

신기한 건 나에 대해 쓰다 보면 잊고 있던 일들이 속속 기억나고, 물속에 잠겨 있던 기억들이 모두 표면으로 떠오른다는 점이다. 기억력이 한꺼번에 폭발하기도 한다.

○ 그래, 그 시절 난 그림도 잘 그리고 춤추는 걸 좋아했지. 나도 한때는 아이디어도 많고 아주 창조적인 사람이었어!
○ 대학 시절 내 별명은 '요약의 여왕'이었어! 동아리 모임에서 책 한 권을 읽고 발표했을 때 모두 감탄했던 기억이 나네!

이런 기억들을 통해 이 세상 그 무엇으로도 대체할 수 없는 유일한 존재인 나 자신에 대해 배울 수 있고, 내 안에 있는 좋은 본질을 찾아 집중할 수 있다. 혹시 그동안 자기 자신을 무가치하거나 보잘것없는 존재라고 생각했는가? 알고 보니 그렇지 않다는 걸 발견하게 될 것이다. 내가 힘이 있고 소중한 존재라는 것을 깨닫게 될 것이다.

그동안 걸어온 삶의 여정이 무의미해 보여 쓸 말이 많지 않다고 생각하는가? 그렇지 않다. 그것 또한 소중한 발견의 과정이다. 지금 내가 서 있는 이곳이 바로 세상의 중심이라는 것도 깨달을 수 있을 것이다. 오십이라는 갈림길에 서 있는 당신, 혹시 빈손으로 떠났다 빈손으로 돌아온 것처럼 느껴지는가? 그렇지 않다. 떠날 때의 당신과 지금 돌아왔을 때의 당신은 다른 사람이다. 당신은 이제 더 이상 그 옛날의 철모르던 꼬맹이가 아니다.

부디 역사 쓰기를 통해 과거의 나를 복기함으로써 내 삶을, 나의 현재와 미래를 확장해보기 바란다. 내가 직접 쓴 자기 역사를 두고두고 펼쳐보면서 힘차게 앞으로 나아가기를 바란다.

왜 오십 전후에 나의 역사를
써봐야 하는가?

_____

_____

_____

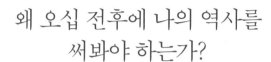

◇

    나의 역사, 언제 쓰는 게 좋을까? 물론 언제나 좋다. 할 수만 있다면 20대나 30대부터 나의 과거를 돌아보는 것도 좋을 것 같다. 하지만 그동안 자기 역사 쓰기 프로그램을 진행해본 나의 결론은 오십이 가장 좋은 시기라는 것이다. 가장 큰 이유는 뭐니 뭐니 해도 지금이 100세 시대

이기 때문이다. 한국인의 기대수명은 1970년에 62.3세였지만, 2019년에는 83.3세(남 80.3세, 여 86.3세)로 20년 이상 늘어났다. OECD 국가 평균 기대수명인 81.0세보다 2.3년이나 길며, 전 세계에서 가장 기대수명이 긴 일본(84.4세)보다는 1.1년 짧은 수준이다. 2021년 현재 중위연령◆도 44.3세(남 42.9세, 여 45.8세)이다. 100세 이상 인구도 빠르게 증가하고 있어서 2030년에는 100세 이상 인구가 1만 명이 될 것으로 예측된다. 명실공히 100세 시대를 살고 있고, 실제로 지금 이 글을 읽고 있는 사람의 상당수는 100세까지 살 것이다.

사정이 이러하니 평균수명 6, 70일 때와 100세일 때의 오십은 그 의미가 사뭇 다를 수밖에 없다. 기대수명이 62세이던 1970년대의 오십이라면 모든 것을 내려놓을 준비를 하면서 영화 〈국제시장〉의 덕수처럼 "이만하면 잘 살았지예. 근데 내 진짜 힘들었거든예"라는 마음가짐으로 살아도 충분할 것이다. 하지만 100세 시대를 사는 우리에게 오십이란 삶의 한가운데 서 있다는 의미이다. 즉 당신은 인생 절반 지점에 서 있거나 이제 막 인생의 반환점을 돈, 한창나이의 사람인 것이다.

◆　중위연령: 총인구를 연령순으로 나열할 때 정중앙에 있는 사람의 해당 연령

실제로 이번에 내가 오십 전후 사람들을 위한 자기 역사 쓰기에 관한 책을 쓴다고 하니까 60대 이상의 사람들은 이런 반응을 보였다.

"아니, 그렇게 젊은 나이에 역사 쓰기를 한다고?"

"하긴 그 나이에 쓰면 좋긴 하지…. 얼마든지 인생을 수정할 수 있으니까."

60대에 들어서서 발레를 배우기 시작했다는 M 선배는 이렇게 말했다.

"그래 오십은 뭐든지 할 수 있는 나이야. 나도 오십부터 발레를 배웠다면 토슈즈도 신어볼 수 있었을 텐데…."

그렇다. 이제 오십은 그만큼 '젊은' 나이이다.

그런데 아직 젊다는 건 그만큼 미래가 많이 남아 있다는 뜻이고, 그래서 '내가 제대로 잘 가고 있나?' 하는 중간 점검이 필요하다는 의미이다. 아직 아물지 않은 상처와 아픔이 있다면 더 늦지 않게 치유해야 하는 나이이다. 뭔가 인생의 방향이 잘못된 것처럼 느껴지면 방향을 바꿔야 하고 수정할 게 있다면 수정해야 하는 나이이다. 그리고 충분히 그럴 수 있는 나이이다. 지금까지 가지고 있던 일, 돈, 성공, 행복에 대한 정의도 나에게 맞게 수정하거나 보완할 수 있는 나이이다.

다음은 48세의 G씨가 '미리 쓰는 후기'를 통해 '왜 나의 역사를 쓰려고 하는가'에 관해 쓴 글이다.

아직 오십도 안 된 내가 자기 역사를 쓴다는 것이 가당키나 한 말인지를 몇 번이나 생각해보았다. 사실 내가 '자기 역사'라는 말을 떠올릴 만큼 굴곡진 삶을 살았거나 꼭 지금 무언가를 글로 써서 기억 속에 남겨 두어야 할 특별한 일이 있는 건 아니다. 그럼에도 불구하고 지금 이 작업을 해야겠다고 생각한 이유는, 언젠가는 해야 할 일을 지금 우선 한번 해보는 것에 그 의미가 있다.

앞으로 '은퇴'라는 것을 하게 될 때, 그것은 분명 내 인생의 큰 변화일 것이고, 그때가 되면 한 차례 내 삶을 정리하는 거창한 무언가를 하려고 할 것이 뻔한데, 그때 나를 돌아보기 시작한다는 것은 너무 막막하고 어려운 일이 될 것 같았다. 그래서 결국 폼만 잡다가 육십 년 넘은 생을 제대로 일단락조차 하지 못하는 일이 생길까 두려운 마음에, 어설프고 엉성하지만 지금까지의 삶이라도 한번 정리해보고 싶어 이 장대한 작업에 참여하게 되었다.

따라서 이 작업은 내 삶을 마지막으로 정리하는 어떤 것이 아니라 마지막이라는 이름으로 남겨낼 수 있는 작품을 위해 그 소재와 주제를 찾아내는 작업이라고 할 수 있을 것 같다. 내가 이 세상을 떠날 때 나 자신에게 줄 수 있는 가장 큰 선물을 준비하는 것이라고 나 할까? 그 선물을 만들기 위해 대단하지도 않고 별 볼 일도 없는 것들을 다시 꺼내서 닦아보기도 하고 버리기도 하고 이름도 지어주는 일을 지금부터 해보려고 한다.

그렇다. 오십 전후에 그동안의 삶을 한번 정리해보고 앞으로 남은 50년을 준비하는 것은 매우 현명한 일이다. 융(C. Jung)은 말했다. 인생의 오후를 아침에 짜놓은 프로그램에 맞춰 살아갈 수는 없는 노릇이라고. 아침에는 위대했던 것이 저녁에는 사소한 것이 될 수도 있고, 아침에는 진실이었던 것이 저녁에는 거짓말이 될 수도 있다고.

100세 시대는 라연 어떤 모습일까?

◇

자기 인생을 중간 점검하고 미래를 그려보기 위해서는 100세 시대의 변화를 염두에 두어야 한다. 즉 대부분의 사람이 100세까지 사는 시대는 도대체 어떤 모습일까에 대한 정보가 필요하다. 《100세 인생》의 저자 린다 그래튼과 앤드루 스콧은 100세 인생의 변화를 다음과 같이 열세 가지로 제시했다.

1. 대부분의 사람이 100세까지 산다는 가정하에, 소득의 10%를 저축하고 퇴직하고 나서 소득의 50%를 연금으로 받고 싶다면, 사람들은 70세 혹은 80세까지 일해야 할 것이다.

2. 새로운 직업과 기술이 나올 것이다. 따라서 기술의 재교육을 위한 투자가 필요하다.

3. 재정문제를 해결한다고 해서 모든 것이 해결되지는 않는다. 즉 가정, 친구, 정신 건강, 행복 모두가 중요하다.

4. 다단계의 삶이 될 것이다.

5. 인생의 과도기를 보내는 것이 표준으로 자리 잡을 것이다. 그러므로 과도기를 통해 유연한 자세, 새로운 지식과 사고방식, 옛것을 떠나보내고 새로운 네트워크를 형성할 필요가 있다.

6. 자신이 원하는 삶을 실험하고 만들어볼 수 있는 새로운 단계가 등장할 것이다.

7. 여가를 보내는 데 있어서 기분전환(recreation)보다는 재창조(re-creation)의 개념이 더 중요하다.

8. 학교-직장-은퇴로 이어지는 밀집대형이 사라진다. 삶의 확실성, 예측 가능성도 줄어들 것이다.

9. 개인의 선호나 여건에 따른 선택권이 더욱 중요해질 것이다.

10. 젊음을 오랫동안 간직한다.

11 일과 가정의 관계가 변한다. 삶이 길어지면서 양성 불평등이 감소하고, 부부관계, 결혼, 자녀 양육의 형태가 변할 것이다.

12. 세대 간의 복잡한 관계가 형성될 것이다. 나이와 인생 단계의 불일치가 커질 것이다.

13. 스스로 수많은 인생 실험을 진행하면서 다양성을 경험하게 될 것이다.

즉 100세 시대가 되면 젊음을 유지하는 기간이 길어지고 7, 80세까지도 일하는 사람이 늘어나고 일과 가정의 관계도 변할 것이다. 하지만 무엇보다 핵심적인 변화는 인생의 패러다임 자체가 달라진다는 점이다. 20세기까지만 해도 대부분의 인생 패러다임은 '학교-직장-은퇴 후'의 세 단계로 분류되었다. 즉 20대 중반까지는 열심히 공부하고, 20대 후반부터 은퇴하기 전까지는 직장에서 일만 열심히 하고, 60대 전후에 은퇴하고 나면 그때부터 마음껏 놀아야 한다는 것이었다.

하지만 100세 시대에는 '학교-직장-은퇴 후'라는 세 단계의 인생 패턴은 사라지고 다단계의 삶으로 재구성된다. 미래학자들은 앞으로는 평생 최소 다섯 개의 직업을 가지게 될 거라고 예측했는데, 이렇게 다양한 직업을 가지며 오래 일하기 위해서는 경력을 쌓는 단계, 휴식 단계, 과도기(교육에서 고용으로 넘어갈 때, 고용에서 퇴직으로 넘어갈 때) 등의 새로운 단계가 추가될 수밖에 없는 것이다. 연령대별로 공부하는 시기, 일하는 시기, 놀이하는 시기가 정해지던 기존의 패러다임도 사라져서 인생의 어느 시기라도 공부할 수 있고, 일할 수 있고, 놀고 휴식할 수 있는 방식으로 변화될 것이다.

그러다 보니 지금까지와는 달리, 어떤 사람의 나이만으로 그의 일상이나 생활을 예측하기가 어려워질 것이다. 즉 회사를 휴직하고 여행하며 새로운 인생을 설계하는 30대, 다시 학교로 돌아가서 무언가를 배우는 40대, 새로운 직업 분야에서 열정적으로 일하면서 전성기를 누리는 70대를 만나는 게 하나도 이상하지 않은 그런 시대가 될 것이다.

한편 100세 시대에는 삶의 불확실성이 커짐에 따라 개개인의 인생에 대한 예측 가능성이 크게 낮아질 것이다. 거의 모든 사람이 밀집대형을 이루며 '학교-직장-은퇴 후'의 세 단계를 따라가던 시대에는 미래를 예측하기가 상대적으로 쉬웠다. 즉 30대에는 직장에서 자리를 잡고 가정을 이루고, 40대가 되면 중간관리자가 되고, 50대에는 아이들을 독립시키고 퇴직을 준비한다는 등의 예측이 가능했다. 따라서 간단한 계획과 약간의 자기 성찰만으로도 인생

후반부의 삶을 잘 꾸려갈 수 있었다. 하지만 삶이 길어지고, 인생의 경로를 하나의 선으로 만들어 나가기가 점점 어려워지는 100세 시대에는 어떤 일을 할 것인가, 무엇을 배워야 할까, 어떤 부류의 사람이 될 것인가, 어떤 목표를 세울 것인가 등등의 질문에 대해서 확실하게 대답하기가 점점 더 힘들어진다.

메타인지가 더 중요해진다

◇

흥미로운 것은 이렇게 복잡다단한 100세 인생일수록 개인의 선호나 선택권이 더 중요해진다는 점이다. 그래튼 등은 밀집대형의 사회에서는 남들 하는 대로 따라가면 되기 때문에 개인의 선호나 선택권이 덜 중요했지만, 밀집대형이 사라진 사회에서는 '나는 누구인가', '나는 무엇을 대표하는가', '무엇에 가치를 두고 사는가', '나의 삶을 어떻게 구성할 것인가' 같은 나 자신의 정체성과 가치가 더 중요해진다고 강조한다.

그 이유는, 한마디로 너무나 많은 것들이 변하기 때문이다. 이런 변화의 시기에는 과거의 역할 모델이 큰 도움이 되지 못한다. 부모나 선배 세대와는 다른 선택이 필요하기 때문이다. 이때 계획을 수립하고 선택해야 할 책임이 결국 각 개인에게 있으므로 내가 무엇을 좋아하고 무엇을 선택할 것인가가 더 중요해지는 것이다.

또한 다단계의 삶에서는 개인의 선호나 여건에 따른 다양한 방식의 배열이 이루어질 수밖에 없어서 선택할 게 점점 더 많아지는데, 이때 어떤 것을 선택할 것인가 하는 것도 결국 나 자신에게 달려 있는 것이다.

그래서 100세 시대에는 '내가 나를 어떻게 인식하는가' 하는 '자기 인식'이 무엇보다 중요하다. 내가 어떤 사람인지를 알고 있어야 100세 시대의 변화와 과도기 속에서도 나의 정체성과 일관성을 유지하고 삶의 진실성을 잃지 않을 수 있으니까 말이다. 예전에는 어떤 일을 하는가가 한 사람의 정체성을 결정했다면, 100세 시대에는 나 자신이 나의 정체성을 만들어가야 한다.

따라서 메타인지의 중요성이 점점 더 부각될 것이다. 발달심리학자 존 플라벨(J. H. Flavell)이 만든 메타인지라는 개념은 '나의 생각에 대해 판단하는 능력'으로, 즉 자신이 아는 것과 모르는 것을 정확히 파악하는 능력, 나의 강점과 한계를 정확히 파악하는 능력을 말한다. 메타인지는 AI(인공지능) 시대를 사는 인간에게 필요한 유일한 역량으로 평가받을 정도로 중요하다. 《메타인지, 생각의 기술》의 저자 오봉근은 메타인지야말로 AI에 위협받지 않는 인간의 고유한 경쟁력이라고 주장했다.

따라서 오십에 자기 역사를 쓰는 것은 100세 시대를 헤쳐나가는 데 꼭 필요한 메타인지라는 금빛 날개를 다는 일이라는 점을 다시 한번 강조하고 싶다. 오십이라는 인생의 전환기에 과거를 돌아보고, 자신이 지금 어디를 향해 달려가고 있는지를 점검하며, 제2, 제3의 인생을 기획해본다는 건 매우 중요하기 때문이다. 앞으로도 살날은 많고 많으니 이왕이면 더 의미 있고 더 행복한 삶을 기획할 필요가 있다.

물론 개인을 지원하는 사회적인 제도도 필요하다. 덴마크 등의 북유럽 국가에 정착되어 있는 '갭이어(gap year)' 제도를 통해 자신을 점검하는 시간을 가지며, 제2, 제3의 인생에 필요한 준비도 하고 교육도 받을 수 있는 사회, 그런 시간을 갖는 걸 당연하게 여기는 사회 분위기가 조성되면 그야말로 좋을 것이다.

하지만 사회적 제도보다 더 중요한 건 개인의 선택이다. 유발 하라리의 지적처럼, 변화하는 세상과 발맞추려면 새로운 생각과 상품을 발명하는 데 그치면 안 되고, 무엇보다 자기 자신을 반복해서 재발명해야 하기 때문이다.

오십, 삶의 변곡점을 돌아보며 복기하기 딱 좋은 시간

◇

가브리엘 가르시아 마르케스는 그의 책《이야기하기 위해 살다》의 서문에서 이렇게 말했다. "삶은 한 사람이 살았던 것 그 자체가 아니라, 현재 그 사람이 기억하고 있는 것이며, 그 삶을 얘기하기 위해 어떻게 기억하느냐 하는 것이다."

자기 역사 쓰기도 비슷하다. 나의 역사를 쓰기 위해서는 기억할 만한 것이 있어야 하고, 또 실제로 기억할 수 있어야 한다. 기억이란 외부에서 들어온 정보를 대뇌에 기록해서 저장했다가 어떤 상황에 직면하여 의식으로 되살려내는 정신기능을 의미한다. 기억에는 5~10초 후에 회상해 내는 단기기억, 한 시간~며칠 후까지 회상해 낼 수 있는 최근기억, 오래전에 일어난 일 중에서 자주 회상했던 것을 회상해 내는 장기기억, 오래전에 일어난 일로 한 번도 회상해 본 적 없는 것을 회상해 내는 최고기억이 있는데, 자기 역사를 쓰기 위해서는 이 중에서도 장기기억과 최고기억의 도움이 꼭 필요하다.

기억은 또 다음 두 가지로도 분류한다. 내 마음대로 부릴 수 있는 '수의적 기억'과 내 의지에 따르지 않고 제멋대로 움직이는 '불수의적 기억'으로 나누는 것이다. 예를 들면 중요한 개념이나 공식을 정성을 기울여 기억해 두었다가 시험 볼 때 꺼내서 사용하는 것이 수의적 기억이라면, 불수의적 기억은 내 의지와는 상관없이 내 마음속에 저절로 쌓이고 제멋대로 나왔다 들어갔다 하는 기억이다. 이 두 가지 중 더 강력한 건 후자의 기억이다.

우리 프로그램 참가자들도 어느 날 불쑥 떠오른 기억에 대해 '신기하다'는 표현을 많이 썼다. 자기 역사를 쓰다 보면 그동안 전혀 기억나지 않았던 것들이 갑자기 떠오르는 경우가 많아서 놀랍고도 신기하다는 것이다. 다른 참가자들의 발표 내용을 듣다가 어떤 기억이 갑자기 생생하게 되살아나는 경우도 많다고 했다. 그동안 잊고 지냈던 어떤 사건이나 감정, 초등학교 때 친하게 지내던 친구의 이름과 얼굴, 어떤 날의 흐릿했던 날씨와 음식 냄새 같은 것들이 마치 자신의 깊숙한 곳 어딘가에 깊이 새겨져 있기나 했던 것처럼 갑자기 선명하게 떠오른다는 것이다.

물론 앞에서도 언급한 것처럼 모든 기억이 다 완전한 건 아니다. 얼마든지 나에게 유리한 방향으로 왜곡되고 조작될 수 있는 게 기억이다. 현재 어떤 심리적 상황에 처해 있느냐에 따라 기억하는 사건의 종류가 달라지기도 한다. 직업에 따라 과거를 기억하는 방식이 달라진다는 연구 결과도 있다. 예를 들면 과학자는 자신의 과거를 설명할 때 차근차근 연속적으로 말하거나 쓸 가능성이 높은 반면 예술가는 어떤 사건들을 건너 뛰어가며 드라마틱하게 서술할 가능성이 높다고 한다. 사실 이건 나 역시 자주 경험하는 바다. 이과를 전공한 참가자는 비교적 '팩트' 중심으로 과거를 기억하고 보다 객관적으로 서술하는 데 비해 문과 전공자는 '스토리' 중심의 기억법과 서술 방식을 사용하는 경향이 있다는 걸 발견할 때마다 흥미로웠다.

그런데 최근의 뇌과학 연구에 의하면 뇌 기능이 최고조에 달하는 건 오십 전후의 나이라고 한다. 〈뉴욕타임스〉의 건강 및 의학 전문기자 바버라 스트로치(Babara Strauch)는 최근의 뇌과학 연구결과를 바탕으로 40~65세 사이 중년의 뇌가 인생에서 가장 뛰어난 기능을 갖는다고 주장했다. 정보처리 속도와 세부사항을 기억하는 정확도, 주의력은 20대에 비해 다소 떨어지지만 종합적인 사고능력 차원에서는 오십을 전후한 시기가 뇌의 전성기라는 것이다. 여성심리학자 셰리 윌리스(Sherry Willis)도 1956년부터 40년간 7년마다 6000명을 대상으로 뇌 인지능력 검사를 한 결과 40~65세 연령층의 뇌가 언어 기억, 공간지각능력, 귀납적 추리에서 최고의 수행능력을 보였다고 주장한다.

나이가 들수록 기억력이 떨어진다는 기존의 주장을 뒤집는 연구결과도 속속 등장하고 있다. 단기기억력이 떨어지는 건 사실이지만 중요한 정보는 더 오래 기억한다는 것이다. 우리의 의지대로 움직이지 않고 제멋대로 쌓이는 불수의적 기억력이나 암묵적 기억력은 나이와 무관하게 오래 지속된다는 것이다. 결국 오십을 전후한 연령대의 뇌가 위기관리 및 문제해결 능력 면에서 가장 뛰어나고, 기억력도 상당히 좋은 때라는 결론에 도달하는 것이다.

오십 무렵의 뇌 기능이 뛰어난 이유에 대해 신경과학자 조지 바트조키스(George Batzokis)는 19~76세 사이의 남성 70명의 뇌를 영상 촬영한 결과, 미엘린이라는 신경세포를 둘러싼 백색의 지방물질 때문이라고 밝힌 바 있다. 뉴런을 통해 전달되는 전기신호가 누출되거나 흩어지지 않도록 보호하는 절연체 역할을 하는 이 물질의 양이 50대에서 가장 많다는 것이다.

자, 그렇다면 일생 중 뇌 기능이 가장 뛰어나고 중요한 정보도 잘 기억할 수 있는 오십 무렵에 자신의 삶을 온전한 형태로 기억해보고 써두는 게 좋지 않을까. 뇌 기능이 최고의 전성기를 보일 때, 그리고 기억력도 아직 생생하게 살아있을 때 과거를 들여다보고 기록해보라고 권하고 싶다. 100세 시대를 맞이하는 느낌이 한결 뿌듯하고 든든하고 자신만만해질 거라고 확신한다. 우리 프로그램에 참여해서 역사 쓰기를 마친 K씨는 이렇게 표현했다.

"가끔 불쑥 뭔가 든든하다는 느낌이 들 때가 있어요. 내가 나의 과거를 돌아보고 써봤구나… 역사 쓰기를 다 마쳤구나…."

    오십은 우리의 삶을 '복기'하기에도 좋은 나이이다. 복기(復碁)란 이미 두고 난 바둑의 판국을 비평하기 위하여 바둑을 두었던 그대로 처음부터 놓아보는 것을 의미하는 바둑 용어이다. 즉 대국이 끝난 후 승착과 패착을 찾고, 승패를 떠나 최선의 수를 찾기 위해 두었던 대로 다시 처음부터 돌들을 놓아보는 행위이다.

    바둑에서 복기를 하는 건 다음번 대국에서 더 좋은 돌을 놓기 위함이다. 오십에 쓰는 자기 역사 쓰기도 마찬가지이다. 역사 쓰기를 통해 나를 배운다면, 그래서 실패의 원인을 모두 남이나 환경 탓으로 전가하지 않는 내공을 쌓는다면 앞으로 남은 대국에서는 더 좋은 선택을 할 수 있다. 이를 통해 인생의 방향을 수정하거나 전환할 수도 있는 일이다.

    혹시 내 인생에서 잘한 선택보다 잘못한 선택이 더 많았다는 생각이 드는가? 혹시 그렇다 해도 너무 실망하지 마시라. 이제 겨우 오십이니까. 100세 시대이기에 당신이 생각했던 것보다 더 많은 기회가 남아 있을 것이라고 확신한다. 자기 역사 쓰기를 하면서 이렇게 질문해보라. 앞으로 혹시 그때와 같은 상황에 처하게 된다면 나는 어떤 선택을 하는 게 좋을까? 내가 정말 원하는 결과는 무엇일까?

평범하게 살아서 쓸 말이 없다?
당신은 결코, 결코 평범하지 않다

◇

가끔 너무 평범하게 살아서 쓸 말이 없다고 말하는 사람을 만난다. 어렸을 때부터 튀지 말라는 말을 하도 많이 듣다 보니 너무 평범한 사람으로 살았다고 말하는 사람도 있었다. 하지만 나는 다르게 생각한다. 자신의 삶이 너무 평범했다는 말은 자기 자신에 대해 깊이 생각해보지 않았다는 말이나 다름없다. 이 세상에 평범한 사람이 어디 있나? 평범한 삶이 어디 있나? 사람은 멀리서 보면 다 비슷해보여도 막상 가까이서 자세히 들여다보면 다 다르고 독특하다. 당신도 마찬가지. 당신도 누군가에게는 매우 다르고 독특하고 이상한 사람일 것이다. 당신의 인생도 그러하다.

그러니 평범하게 살아서 쓸 말이 없다고 말하지 말라. 평범하기 짝이 없는 물건 하나에도 역사가 있고 이야기가 있는데, 하물며 당신에게 왜 쓸 말이 없겠는가?

오십은 인생 전체를 조망할 수 있는 나이이다. 경험이 쌓여 인생이라는 그릇이 어느 정도 채워진 시기이다. 인생의 그릇이 채워져야 자기 역사를 쓸 수 있다. 오십은 돌아볼 과거가 충분하고 쓸 말이 많은 시기이다. 꽃길도 걸어보고 진흙탕도 걸어본 나이, 인생의 흥망성쇠에 대해 어느 정도는 아는 나이, 험한 꼴도 당해보고 최고의 순간도 겪어

본 그런 나이 아닌가. 한마디로 자기 인생의 전체상이 어느 정도 보이기 시작하는 시기라고 할 수 있다.

우리 프로그램에 참여했던 오십 즈음의 사람들만 봐도 알 수 있다. 이들 중에 삶의 변곡점을 중심으로 자기 역사의 목차를 구성할 때 4장(chapter)이나 5장의 목차를 만들지 못하는 사람은 한 명도 없었다. 당신의 인생도 그럴 것이다. 얼핏 드는 생각만으로도 나의 과거를 나눌 수 있는 네 개 혹은 다섯 개쯤의 변곡점이 떠오를 것이다.

아, 말이 나온 김에 '역사'라는 단어에 대해서도 짚고 넘어가는 게 좋겠다. 세상에는 내 인생은 대하소설감이라고 말하는 사람도 있지만 자신의 과거 이야기에 '역사'라는 단어를 붙이는 것에 대해 부담스러워 하는 사람도 많다. 이렇게 말하는 사람도 있었다.

"역사는커녕 짧게 쓸 만한 이야깃거리라도 있을지 모르겠네요."

"글쎄요. 누구나 겪는 그저 평범하고 소소한 이야기라면 몰라도 역사라는 거창한 이름으로 쓸 내용은 없는데요…."

사실, 나 역시 크게 다르지 않았다. 처음에는 역사라는 단어가 너무 거창하고 한편 두렵기도 했다. 역사라고 하면 맨 먼저 떠오르는 게 인류사회의 변천과 흥망의 과정, 전쟁, 혁명, 이데올로기, 정치 같은 거대하고 두려운 단어들이니까 말이다. 나처럼 작고 수수한 사람이 감당하기에는 너무 큰 단어들이 아닌가. 평범하고 소소한 일상의 이야기들, 당장 오늘 내게 중요한 것들, 예를 들면 오늘 유난히 몸이 피곤하다거나 기분이 좋지 않다거나 혹은 생활비가 부족하다는 등의 이야기와는 한참 거리가 먼 단어가 아닌가.

하지만 유명인사나 리더 같은 소수의 역사만 역사인 건 아니다. 한없이 작아 보이는 나의 이야기도 역사다. 우리가 흔히 마주치는 평범한 개인의 소소한 삶에도 역사는 깃들어 있다. 개인 안에 스며 있는 중요하고 놀라운 이야기가 바로 개인의 역사이자 우리 사회의 역사인 것이다. 보통 사람의 피, 땀, 눈물, 절규도 역사를 만드는 요소이며, 비록 의식하지 못했을지라도 우리는 커다란 역사의 흐름 속에 존재해왔다. 더구나 우리나라처럼 이 세상 어느 나라보다 격동의 시대를 살아온 사람들의 삶에는 거대한 역사가 스며 있고, 또 우리 자신도 그 역사를 만든 주인공이다.

《내 어머니 이야기》(전 4권)라는 '대하'만화를 그린 김은성은 초판의 '작가의 말'에서, "결혼한 지 닷새 만에 해방이 되어 남편이 군대에 끌려나가지 않게 됐다는 이유로 해방된 게 너무 싫었다는 엄마의 얘기도 '역사이어야 한다'는 생각이 들었다"고 말한다. 또한 우리가 아는 객관적인 역사와 어머니가 체험한 역사는 달랐지만 주관적 체험이 지닌 신선함이 있었다면서, 이 두 역사는 어느 외길에서 만나기도 했고, 자신은 이 두 역사 사이에 이어져 있던 끈을 확인할 필요가 있었다고 썼다.

또한 《자기 역사를 쓴다는 것》에서, 다치바나 다카시는 자기 역사를 쓴다는 것이 개개인에게는 개인적인 의미의 문제로 끝나겠지만 집합체로서 동시대의 민족사 자체가 되기도 한다면서 자기 역사를 쓴다는 것은 개인을 넘어서는 의미를 내포하는 것이라고 주장한다. 이 점에서 자기 역사를 쓸 때 개인사를 들여다보는 눈뿐만 아니라 사회 전체를 들여다보는 눈을 가져야 한다는 점도 강조하고 있다.

그러므로 우리 같은 보통 사람의 크고 작은 역사와 이야기도 소중하고 의미 있다는 점을 잊지 말기 바란다. 대단한 사람만 자기 역사를 쓰는 게 아니다. 모두가 인정할 만한 성과나 업적을 이룬 사람, 혹은 엄청난 통찰을 가진 사람만 자기 역사를 써야 하는 것도 아니다. 우리도 역사의 주인공이다. 우리의 역사 또한 충분히 쓰일 가치가 있다는 것을 기억하자.

러시아의 시인 예브게니 옙투셴코의 시 중에 〈이 세상에 흥미롭지 않은 사람은 없다〉의 일부를 소개한다.

이 세상에 흥미롭지 않은 사람은 없다.
각 사람의 운명은 행성의 역사와 같다.
그 자체로 특별하지 않은 행성은 없으며

어떤 두 개의 행성도 같지 않다.

만약 누군가 눈에 띄지 않게 살면서
그 눈에 띄지 않음과 벗하며 지낸다면
그 눈에 띄지 않음 때문에
그는 사람들 가운데 매우 흥미롭다.

각각의 사람은 자신만의 비밀스러운 세계가 있다.
그 세계 안에는 각자 최고의 순간이 있다.
그 세계 안에는 각자 고뇌의 순간이 있다.
하지만 우리로서는 그 두 시간 모두 알 수 없다.

누구든 죽을 때 홀로 죽지 않는다.
그가 맞은 첫눈도 그와 함께 죽는다.
그의 첫 입맞춤, 그의 첫 싸움….
모든 것을 그는 데리고 간다, 모두 함께.

－《마음챙김의 시》(류시화, 수오서재, 2020) 중에서

이제 지난 50년을 돌아보며
보듬고 치유한다

과거의 아픔을 끄집어내
하나씩 씻고 닦는 용기

◇

솔직히 처음에 자기 역사 쓰기를 시작할 때만 해도
이 일을 통해 과거의 아픔을 치유할 수 있을 거라는 기대
는 크지 않았다. 아니, 거의 없었다고 말하는 게 사실에 더
가까울 것이다. 과거의 아픔을 치유하는 건 의학적, 심리
적 치료나 심리상담 등의 전문적 영역에서나 가능한 일이

라고 굳게 믿고 있었기 때문이다. 나의 역사를 쓴다고 해서 질병이나 사회적, 정서적 문제를 직접적으로 없애거나 개선할 수는 없지 않은가. 그래서 프로그램을 처음 시작할 때도 치유 효과가 있다거나 하는 점을 크게 강조하지 않았다.

하지만 결과는 예상과 달랐다. 달라도 많이 달랐다. 자기 역사 쓰기는 엄청난 치유 효과를 가지고 있었다.

"오십이 되기 전에 나의 역사를 썼다면 암에 걸리지 않았을 것이다."

C씨가 후기에 쓴 글을 발표했을 때의 순간이 지금도 생생하다. 그의 이야기를 듣던 참가자들의 얼굴에도 놀라움과 안타까움이 교차되었다. 자기 역사 쓰기를 통해 과거와 직면하고 아픈 이야기를 쓴다는 게 오래된 상처를 치유하는 힘을 가지고 있다는 걸 직접 확인했다는 점에서 놀라웠고, '진작 더 빨리 썼더라면… 얼마나 좋았을까?'라는 소리를 들었을 때는 너무도 큰 안타까움이 밀려왔다.

나중에 곰곰이 생각해보니 역사 쓰기가 치유 효과를 가지는 건 당연한 일이었다. 힘들 때 누군가에게 자신의 상처나 아픔에 대해 말하는 것만으로도 치유가 시작되지 않던가. 스피노자도 "고통스러운 감정은 우리가 그것을 명확하고 확실하게 묘사하는 바로 그 순간에 고통이기를 멈춘다"라고 말한 바 있다. 이렇게 고통스러운 감정에 대해 말하는 것만으로도 고통이기를 멈추는데, 그걸 쓰기까지 한다면 그 효과는 훨씬 커질 수밖에 없는 것이다.

글쓰기가 가져오는 치유 효과는 최근에 활발히 진행되고 있는 뇌과학을 통해서도 증명되고 있다. 인간의 뇌에는 감정을 관장하는 편도체♦와 이성을 관장하는 전전두엽♦♦이 있다. 우리가 고통스러워하거나 슬픔에 빠질 때 힘들어하는 건 편도체다. 편도체가 지나치게 일을 많이 하기 때문이다. 그런데 '나는 고통스럽다, 슬프다'라는 글을 쓰는 순간부터 편도체는 쉴 수 있게 된다. 그리고 이성을 담당하는 전전두엽이 나서서 활동하기 시작한다. '아 그렇구나. 내가 고통스럽구나, 내가 지금 슬퍼하고 있구나. 왜 그럴까? 아마 이러이러해서 고통스럽고 슬픈 게 아닐까?' 이렇게 말을 걸기 시작하는 것이다.

이런 과정을 통해 우리는 고통과 슬픔이라는 감정의 구렁텅이에서 발을 빼고 '고통스럽다, 슬프다'라는 언어를 가만히 응시할 수 있게 된다. 즉 고통스러운 감정들을 언어로 바꾸는 과정을 통해 나와 한몸으로 엉켜 있던 그 감정들이 내게서 분리되는 것이다. 이런 방식으로, 글을 쓰는

♦　　편도체는 대뇌의 변연계에 존재하는 아몬드 모양의 뇌 부위로 감정을 조절하고, 공포 및 불안에 대한 학습 및 기억에 중요한 역할을 한다.

♦♦　전전두엽은 전두엽의 앞쪽인 이마쪽에 위치하는 뇌 부위로 상황을 판단하고 예측하는 등 고도의 사고 영역을 담당한다.

행위는 진통제나 소염제처럼 나의 아픔을 치료하기도 하고, 때로는 백신처럼 고통을 예방하는 것이다.

이렇게 '고통스럽다, 슬프다'라는 단어를 쓰는 것만으로도 우리가 치유될 수 있다면 자기 역사 쓰기 작업이 가져오는 효과는 더 클 수밖에 없다. 나의 역사를 쓰는 과정에는 과거에 경험했던 고통과 슬픔, 상처, 걱정, 두려움, 불안, 서운함 등의 수많은 감정을 각각의 단어로 표현할 뿐아니라 왜 그렇게 고통스러웠는지, 왜 그렇게 슬펐는지, 왜 두려웠는지, 왜 불안했는지, 왜 이 모든 것이 상처로 남게 되었는지 등등 수많은 '왜?'에 대해서 자세히 생각하고 쓰는 일이 포함되기 때문이다.

이렇게 '왜?'에 대해 자세히 쓰고 있노라면 나의 뇌 안에서는 몇 가지 변화가 일어난다. 그동안 과로로 쓰러지기 직전이었던 편도체는 "기회는 이때다" 하며 드러누워 쉴 것이고, 심심해서 몸을 비비 꼬고 있던 전전두엽은 이렇게 말할 것이다. "왜 이제 왔어? 당신이 그 질문을 해주길 얼마나 기다렸는지 알아? 어쨌든 이제라도 질문해줘서 고마워. 자, 내가 알려줄게. 그건 이래서 그랬던 거고, 저건 그래서 그랬던 거야…" 이렇게 전전두엽이 최선을 다해 일하게 되면 나를 힘들게 했던 그 사건이 객관화되면서 상처의 치유가 시작되는 것이다.

게다가 프로그램을 진행하면서 알게 된 건데, 자기

역사를 쓰다 보면 자신도 의식하지 못하는 사이에 심리상담에서 사용하는 기법들을 사용하게 된다. 즉 표현하기, 거리 두기, 직면하기, 명료화, 나누기, 떠나보내기, 수용하기 등의 다양한 전문적 기법을 자기도 모르게 적용하게 된다. 이렇게 전문적인 기법까지 사용하면서 스스로의 생각과 감정에 대해 솔직하게 써 내려가다 보면 자신의 핵심적 감정이 무엇인지, 혹은 그런 감정을 일으키는 원인이 무엇인지 알게 되면서 자연스럽게 치유가 이루어지는 것이다. 한 참가자의 표현대로 "그저 시시껄렁한 내 이야기를 열심히 썼을 뿐인데 고해성사를 한 것처럼 속이 후련해지고 죄를 용서받은 느낌마저 든다"는 결론에 도달하게 된다.

그래서 정신과 전문의들 중에도 정신치료의 일환으로 자기 역사 쓰기와 유사한 방법을 사용하는 경우가 꽤 있다고 한다. 또 노년기에 그룹을 만들어서 자서전을 쓰는 것이 우울증에 동반되는 인지적 손상이나 경미한 치매로부터 벗어나도록 돕는다는 연구결과도 찾을 수 있었다.

좀 더 일찍
나의 과거를 돌아봤더라면...

◇

자기 역사 쓰기를 통해 과거의 아픔을 치유하는 과정

을 가장 실감나게 보여준 C씨의 글을 소개하고자 한다. 그는 맨 처음 글에서 자신을 "전형적인 흙수저" 출신이라고 소개했다. 하지만 그는 객관적으로는 자신의 운명을 스스로 개척하여 성공적인 삶을 살아온 강인한 여성이었다. 오십까지만 해도 뒤를 돌아볼 새 없이 바쁘게 살았고, 자기 자신에 대한 자부심도 컸다고 한다. 하지만 쉰둘에 암 진단을 받고 수술과 항암치료를 받으면서 자기가 왜 암에 걸렸을까 하는 의문을 가지게 되었고, 또 항암치료 후에 한꺼번에 몰려온 감정 변화 때문에 고통스러웠다고 했다. 그는 '미리 쓰는 후기'에서 자기 역사 쓰기를 시작한 이유를 이렇게 썼다.

> 그동안 정신없이 바쁘게 살았다. 워낙 바쁘게 살아서 가난했던 어린 시절의 상처 같은 걸 돌아볼 새가 없었다. 그런 건 오래전에 다 잊은 줄 알고 살아왔다. 하지만 암 진단을 받고 항암치료를 받을 때쯤부터 우울감과 함께 분노가 엄청나게 몰려왔다. 정말 힘들고 괴로웠다. 그래서 도대체 내 인생이 어디서부터 꼬였는지 알아보고 싶었다. 죽을지도 모른다는 생각 때문인지 평생 처음으로 솔직해지고 용감해지고 싶다는 생각도 들었다. 이렇게 시도 때도 없이 화내고 울고 불고하다간 암이 퍼지거나 재발할지도 모른다는 불

안감도 떨쳐버리고 싶었다. 그래서 큰 용기를 내보기로 마음먹었다.

하지만 막상 어린 시절에 관해 쓰기 시작하자 C씨는 매우 고통스러워했다. 자신이 쓴 글을 낭독할 때 우느라고 글을 읽지 못하는 일이 허다했고, 중간중간 다른 사람이 그의 글을 대신 읽어주다가 그마저 울먹이면 그 자리는 울음바다가 되기도 했다. "선생님, 너무 힘든데, 지금이라도 중단하는 게 낫지 않을까요?"라는 내용의 이메일을 나에게 보낸 적도 여러 번이다. 그럴 때마다 나는 '너무 힘들면 중단해도 좋습니다'는 회신을 보내야 하나 고민하다가도 "힘든 마음은 충분히 이해합니다. 하지만 힘들어도 계속 쓰는 게 좋겠다는 말을 드리고 싶네요. 항상 C씨를 응원하고 있습니다"라는 회신을 보내야 했다. 그때 나의 권유를 받아들여 주어서 얼마나 감사한지 모른다. 프로그램 참여자들의 진심 어린 격려도 큰 힘이 되었다. 덕분에 그는 포기하지 않고 자기 역사 쓰기를 완성할 수 있었다. 그리고 그가 쓴 과거 이야기는 모두에게 깊은 인상을 남겼다.

C씨는 충청도의 작은 마을에서 태어났다. 서른넷에 남편과 사별한 후 시어머니와 세 남매를 부양하던 홀어머니 밑에서 자랐다. 어린 시절에는 항상 배가 고팠고, 그래서 맛있는 건 뭐든지 오빠만 주는 할머니를 진심으로 미워

했다고 한다. C씨는 어려운 환경에서도 초등학교와 중학교 때 공부를 잘했고, 고등학교도 가고 싶었지만 시장에서 장사를 하며 온 가족을 부양하는 어머니가 너무 불쌍해서 몇 년간 집에서 지내면서 어머니에게 밥을 해서 나르는 생활을 했다. 그러다가 집을 떠나 공장에 취직하면서 그의 삶은 달라지기 시작했다.

당시 우리 마을에는 공돌이, 공순이가 많았다. 나는 같은 동네에 살던 아는 언니에게 연락해서 마산에 있던 유명한 전자업체의 공장에 취직했다. 거기서 손도 빠르고 일머리가 좋다고 칭찬을 받았다. 당시 한 달에 6만 원 정도의 월급을 받았는데, 어머니한테 매달 3만 원을 송금하고, 3만 원은 쓰지 않고 모았다. 다른 친구들은 아줌마들(외판원)한테서 옷이나 화장품 같은 걸 사느라고 바빴지만 난 화장품도 사지 않고 모은 돈으로 야간 상업고등학교에 들어갔다. 공부를 정말 열심히 했고, 그 덕에 졸업도 하기 전에 조흥은행(지금의 신한은행)에 취직할 수 있었다.

C씨는 결혼도 하지 않을 생각이었다고 한다. 하지만 시대를 잘 타고났는지 여자 은행원도 결혼한 후에 계속 회사에 다닐 수 있게 제도가 바뀌었다. 스물여덟에 결혼해서

딸 둘을 낳고 기르면서도 결근 한 번 하지 않고 열심히 일했다. 바쁜 와중에도 야간 대학에 들어가서 영어학과를 졸업했다. 처음에는 친정어머니한테만 생활비를 드렸는데, 남편의 돈벌이가 시원찮아지면서 시어머니 생활비도 드려야 했다. 그는 이렇게 썼다.

그래도 힘든 줄 모르고 살았다. 은행 다니면서 돈 벌고, 애들 키우고, 친정어머니 시어머니 생활비 드리면서 정신없이 살았지만, 은행에서 일 잘하고 성격 좋고 친절한 사람으로 봐줘서 기분이 좋았다. 무엇보다 식구들이 모두 나만 보면 '잘한다 잘한다, 고맙다'라고 칭찬했는데 그게 큰 힘이 되었다. 난 내가 정말 잘하는 줄 알았다.

40대 중반부터 몸이 피곤하고 힘이 든다는 느낌이 들었지만 은행 일도 점점 많아지던 때라 무리를 해서 그런가 보다 생각했다고 한다. 은행을 그만두고 싶은 생각은 꿈에도 없었기에 몸이 아파도 이를 악물면서 버텼다. 하지만 만 51세가 되던 해에 하혈이 시작되었고, 다리가 부어서 걷기 힘들어지고, 배에는 복수가 찼다.

결국 생일날 아침에 병원에 실려갔고, 난소암 4기 진단을 받았다. 의사는 몸이 이렇게 되도록 왜 가만히 있었느냐, 어떻게 이렇게까지 무심할 수가 있었느냐면서 놀람 반 꾸지람 반의 말을 쏟아냈다. 의사한테 야단맞으면서 그는 엄청 울었다고 한다. 자기를 그렇게 진심으로 걱정해주고 야단까지 쳐주는 사람을 처음 만난 기분이 들었기 때문이다. 수술을 하고, 항암치료를 받는 날이 이어졌다. 이 과정에서 그는 자신의 삶을 돌아보며 혼란에 빠졌다.

어느 날 세 번짼가 네 번째 항암치료를 받은 후에 몽롱한 상태로 기운 없이 누워 있는데 갑자기 '희생양'이라는 단어가 떠올랐다. 사실 그때까지 내가 희생하며 살았다고 생각해본 적은 한 번도 없었다. 힘들 때도 그냥 이게 내 길이겠거니 생각하며 살아왔다. 그런데 그날 처음으로 내가 희생양으로 살았다는 생각이 들었다. 잘한다 잘한다, 고맙다며 나를 부추기던 식구들의 꼬임에 빠졌다는 생각도 들었다. 순진하게 그들한테 속아 넘어가 온갖 고생 다 하고 암까지 걸린 내가 너무 불쌍했다. 한번 그런 생각을 하기 시작하니까 멈출 수가 없었다. 그때부터 난 식구들을 미워하기 시작했다. 죽을 때까지 그들을 용서하지 않겠다고 결심했다.

본인이 희생양이었다는 생각을 하면서부터 C씨는 딴

사람처럼 변했다고 한다. 걸핏하면 식구들에게 화를 내고 소리를 질렀다. 자부심의 원천이었던 은행도 그만두고 싶었고, 모든 걸 포기하고 싶었다. 가족들은 그렇게 착하고 씩씩하던 C씨가 갑자기 변하자 당황하면서 눈치만 살폈고, 그러다가 병이 더 커지면 어쩌냐고 걱정을 했다. 집안 꼴은 점점 초라해지고 분위기도 어두워졌다. 아이들이 불쌍하다는 생각은 들었지만 그의 마음은 풀리지 않았다. 하지만 자기 역사 쓰기를 마무리하면서 C씨는 이렇게 썼다.

이번에 어린 시절에 대해 쓸 때, 오빠와 남동생은 밥을 먹을 때도 수제비를 먹던 앞니 빠진 내 모습이 자꾸 떠올라서 울음을 참을 수가 없었다. 소풍 가서 찍은 사진에서 하얀 버짐이 낀 얼굴에 초라한 옷을 입고 웃고 있는 나를 보는 게 너무 슬펐다. 생전 떠오르지 않던 슬픈 기억들도 한꺼번에 떠올랐다. 평생 보호 같은 건 받지 못하고 전쟁하듯 치열하게 종종거리며 살아온 내가 불쌍했다. 웬만한 일에는 평생 울지 않던 나였는데, 이번에 눈물샘이 터졌나 싶을 정도로 많이 울었다.

그런데 쓰면서 너무 많이 울어서일까? 언젠가부터 어머니를 포함한 식구들에 대한 증오감이 조금씩 무너지는 느낌이 들기 시작했다. 죽을 때까지 절대 용서하지 않겠다, 복수하겠다는 결심도 자꾸만 흐려졌다. 특히 어린 시절에 대해 생각하면 할수록 나도 불쌍했지만, 엄마도 불쌍했다. 그 당시 어린 내가 보기에도 엄마는 참 불쌍한 여자였다. 시장에서 장사하면서 시집식구들 부양하랴 삼남매 키우랴 정말 고생을 많이 했다. 그래서 어린 마음에도 엄마한테만은 착한 딸이 되고 싶었다. 엄마의 인생은 나중에도 펴질 날이 없었다. 평생 아들들 뒷바라지하느라고 허리가 휘었지만 아무런 보상도 받지 못했고, 결국 딸 덕에 먹고사는 것에 대해 미안해하며 내 눈치만 살피던 불쌍한 여자였다. 엄마는 내가 죽으면 이 세상에서 가장 슬퍼할 사람, 이 세상 끝까지 내 곁에 남을 유일한 사람이었다. 그래서 엄마를 용서하기로 했다. 엄마와 함께 실컷 운 적도 여러 번이다. 엄마는 이제부터는 내 건강만 챙기면서 나만 위하며 살라고 했다. 그리고 내 건강을 위해서라도 식구들을 너무 미워하지 말라고 했다. 이런 생각 해봤자 소용없지만 자꾸 생각이 난다. 오십이 되기 전에, 아니 40대 중반에 처음 몸이 아프기 시작했을 때 이런 시간을 가졌다면, 그때 자기 역사라는 걸 쓰면서 나의 과거를 돌아봤다면 얼마나 좋았을까? 그러면 난 암에 걸리지 않았을 것이다. 그랬다면 불쌍한 우리 엄마 가슴에 대못 박는 일도 없었을 것이고, 내 마음의 고통도 훨씬 덜했을 것이다.

C씨가 발표를 마쳤을 때 그 자리에 있던 사람들 모두 만감이 교차하는 듯한 표정을 지었다. 글도 감동적이었지만 가난하고 초라했던 자신의 어린 시절을 돌아보면서 고통스러워하며 눈물짓던 모습, 희생양으로 살았다는 걸 깨달았을 때 분노감으로 힘들어하던 모습이 떠오르고, 그럼에도 불구하고 자신을 사로잡았던 부정적인 감정을 정리하고 어머니를 용서하고 다시 받아들이게 된 그 모든 과정을 고스란히 공유했기 때문이다. C씨의 마지막 발표를 듣고 참가자 중 한 명이 "나 자신이 치유받은 것 같다"라며 울먹였을 때 참가자들 모두 눈시울을 붉혔던 기억이 난다.

과거를 지우거나 바꿀 수는 없지만 다르게 해석할 수는 있다

◇

사실 난 그동안 어린 시절의 상처나 아픔을 지나치게 강조하는 이론이나 치료기법보다는 당장 직면한 문제의 해결에 초점을 맞추고, 과거보다는 현재에 집중하면서 현실적이고 실용적인 개입 방법을 강조하는 이론이나 주장, 이를테면 해결중심 치료기법이나 강점 관점 상담기법 등을 더 선호하는 편이었다.

그런데 이번에 프로그램 참가자들이 자기 역사를 쓰는 과정을 지켜보면서 어린 시절의 경험과 영향력이 생각보다 훨씬 크고 오래간다는 것, 그래서 좀 더 적극적으로 어린 시절의 아픔과 대면할 필요가 있다는 걸 실감했다. C씨의 경우처럼, 어린 시절의 상처나 아픔을 거의 잊고 지내다가 뒤늦게, 40대나 50대에 어떤 우연한 사건을 계기로 다시 돌이켜보고 괴로워하는 사람들이 꽤 있었다. 그래서 자기 역사 쓰기를 통해 어린 시절의 자신과 대면하는 것이 얼마나 중요한 것인지 새삼 깨달을 수 있었다.

《나이 공부》에서 저자 토마스 무어가 과거를 돌아볼 때 어떤 사건에 대해서는 더 많은 관심을 기울이고 더 많이 들여다볼 필요가 있다고 강조한 것도 이해가 간다. 예를 들면 부모와의 정서적 문제, 정신적 외상을 초래한 사건, 학대나 폭력의 경험, 심각한 질병이나 사고, 다른 지역으로의 이동 등 인생에 중요한 전환점이 되거나 흔적을 남긴 일들 말이다. 자기 역사를 쓸 때도 마찬가지다. 인생의 변곡점이라고 부를 수 있는 사건에 대해 주의를 기울여야 한다. 적어도 나에게 흔적을 남긴 중요한 사건에 대해 아무 일도 없었던 것처럼 넘어가지 말아야 한다.

물론 역사 쓰기를 통해 과거를 돌아본다는 것 자체가 간단하고 쉬운 일은 아니다. 나도 그랬지만 프로그램 참여자 중에도 평생 앞만 보고 살아왔는데 갑자기 과거를 돌아보려니 어색하고 두렵다고 말하는 사람이 꽤 있었다. 낯설고 이상한 아이가 언제 튀어나올지 모르는 일 아닌가. 그 아이의 나이가 열다섯인지, 스물인지, 아니면 3, 40대인지 알 수 없으니 더 두려웠다.

과거를 돌이켜보면 좋은 일보다 안 좋았던 일이 먼저 떠오르기도 한다. 나도 그랬다. 모든 것이 불안하기만 했던 20대, 전보다 안정되고 행복해졌다고 착각했으나 시행착오가 많았던 30대, 지옥과 천국을 오갔던 40대, 바쁘게 일했던 그만큼 내리막길이 고통스러웠던 50대의 기억 등등, 찬찬히 돌아보면 행복했던 때보다 힘들고 고통스럽던 때가 더 많았다. 인생을 낭비했다는 생각이 들기도 했고, 상처를 받았거나 상처를 주었다는 생각에 괴로워지기도 했다.

하지만 심리학자들은 이렇게 부정적인 기억과 마주치는 것도 일종의 행운이라고 말한다. 바로 그 지점에서부터 치유가 시작될 수 있기 때문이다. 부정적 기억이 제대로 해소되지 않은 채 무의식 속에서 정신구조를 뒤틀어놓는 것, 그래서 자주 자기 자신과 남을 괴롭히고, 그러면서도 자기가 왜 그러는지에 대해 알지 못하는 경우보다는 훨씬 낫기 때문이다.

그래서 어떤 사건에 대해 기억이 잘 나지 않을 때는 왜 기억나지 않는지, 왜 기억이 조각났는지, 무엇이 회상을 방해하는지 자세히 들여다보는 것이 좋다. 불행한 기억만 떠오른다? 그래서 괴롭다? 너무 겁낼 필요는 없다. 오십은 아무리 불행하고 불쾌한 것이라도 과거의 기억이 현재의 나를 삼키지는 못하리라는 걸 아는 나이이니까. 오십은 불행한 기억도 새로운 정체성을 구축하라는 신호로 받아들일 수 있는 나이이다. 어차피 앞으로 남은 50년도 꽃길만은 아닐 테니 예방주사를 맞는다는 기분으로 받아들이는 것도 좋을 것이다.

다음은 노상 화내고 싸우는 부모의 장녀로 태어나서 사랑이라고는 받지 못한 채 자랐고, 타고난 성격도 내성적이고 수줍음이 많고 소심해서 평생 자신감 없이 살았으며, 결혼생활마저 행복하지 못했고, 아이들과도 사이가 좋지 않다는 D씨가 쓴 어린 시절에 관한 이야기이다.

처음부터 어린 시절에 대해 쓰는 게 내키지 않았다. 두렵고 끔찍했다. 어린 시절 이야기는 빼놓고 쓰고 싶었는데, 선생님이 가능하면 어린 시절부터 연대순으로 쓰는 게 좋겠다고 해서 고민만 하고 있었다. 그런데 함께 역사 쓰기를 시작한 친구가 아이들 숙제 도와줄 때 그렸던 것이라면서 나무 모양으로 그려진 가계도를 보여주고는 조부모에 대한 추억부터 쓰기 시작하는 걸 보면서 나도 수십 년 만에 처음으로 나의 조부모에 대해 생각해봤다. 예상했던 대로 좋은 추억은 많지 않았다.

그런데 조부모를 떠올리는 과정에서 갑자기 어떤 생각이 떠올랐다. 그러곤 마치 드라마를 보는 것처럼 부모님의 젊은 모습이 보이기 시작했다. 흑백 사진 속에서 희미하게 웃고 있는 모습이었다. 생전 처음 이런 생각이 들었다. 어렸을 때 부모님이 지겹도록 싸우고 화를 냈던 그때가 부모님 인생에서도 가장 힘든 시기였구나. 젊은 시절의 아버지는 조부모님뿐만 아니라 말썽 피우는 동생들(삼촌들)까지 돌보느라 항상 힘들어했고 걸핏하면 화를 냈다. 바람 잘 날 없는 나무 같았다. 엄마 또한 시장에 나가 장사를 하다가 집에 돌아와 밥을 차려주면서 "피곤해 죽겠다" "내 팔자가 왜 이렇게 기구한지 모르겠다"는 푸념을 달고 살았는데, 언젠가 엄마도 어렸을 때는 시를 쓰는 문학소녀였다는 말을 했던 기억이 났다. 갑자기 눈물이 쏟아졌다. 그때 부모님이 나를 미워한 게 아니었구나, 나한테 화를 낸 게 아니었구나, 각자 자신들에게 자신들의 못된 운명에 화를 냈던 거였구나. 그렇게 바쁘고 잘 싸우는 와중에도 자식들 졸업식에는 꼭 참석해서 사진을 찍었던 기억도 떠올랐다. 그렇게 긍정적인 모습을 떠올린 건 정말 오래간만이었다. 아니 처음인 것 같았다.

이번에 난 어린 시절의 나를 쓰다듬어주었다. 그동안 많이 힘들고 아팠지? 부모님도 너를 미워했던 건 아니었어. 고작 30대였던 부모님이 자기 자신들한테 화를 냈던 거야. 어떻게든 살아보려고 그랬겠지. 넌 매일 빗자루로 맞던 천덕꾸러기 딸이 아니야. 그때나 지금이나 넌 소중한 사람이야.

보는 사람마다 요즘 내 얼굴이 달라졌다고 한다. 오늘 아침에도 큰딸이 말했다. "엄마, 딴사람 같아. 화도 안 내고, 잘 웃고⋯."

D씨의 글은 우리가 수술용 메스 같은 것으로 나쁜 기억을 도려낼 수는 없지만 나쁜 기억에 대해 해석을 달리할 수 있다는 점을 보여준다. 자기 역사 쓰기가 자신의 내면에 웅크리고 있던 상처받은 어린아이와의 화해를 가능하게 하고, 오랫동안 자신을 지배해왔던 과거의 불만과 불행, 어린 시절의 부정적인 감정을 없애는 통로가 될 수 있다는 점도 확인할 수 있었다. "어른의 사랑은 아이일 때 어떻게 사랑받았는지를 추억하는 것이 아니다. 부모가 우리를 사랑하기 위해 무엇을 희생했는지 상상해보는 것이어야 한다"는 알랭 드 보통의 말이 떠올랐다.

과거를 지우거나 바꿀 수는 없다. 그러나 과거에 대

한 해석은 얼마든지 바꿀 수 있다. 같은 이야기가 상처가 되기도 하고 위로나 새로운 깨달음이 되기도 한다. 기존의 나의 이야기를 다른 차원에서 바라보고 다르게 해석하는 것은 인생의 각본을 다시 쓰는 것이다. 그러면서 과거의 아픔이나 상처를 다른 눈으로 바라보고 벗어나는 길을 찾아보는 것이다. 2020년에 새로 개봉한 영화 〈작은 아씨들〉의 첫 장면에 나오는 것처럼 "고난이 많았기에 즐거운 이야기를 썼다"고 말할 수 있게 되는 것이다.

　물론 아픈 이야기가 어린 시절에만 있는 건 아니다. 인생은 어떤 시기에나 아픔과 상처가 있기 마련이다. 따라서 자기 역사 쓰기를 통해 청년기나 중년기, 혹은 최근에 겪은 아픔을 치유할 수 있다면 그것도 좋은 일이다. 이루지 못한 일에 대한 미련과 회한, 용서하지 못하고 받아들일 수 없었던 상처와 응어리, 자신의 탓이든 남의 탓이든 해소되지 않은 과거의 욕구와 부적절한 관계로 인한 불만 등에 대해서도 마음껏 쓰라고 권하고 싶다.

　우리 프로그램에 참여했던 40대 후반 K씨는 성년이 된 후의 직장생활, 특히 2년 전에 만난 '괴물 같은 부장'으로 인한 분노와 증오심에 대해 집중적으로 썼다. 그는 인생에서 가장 힘든 시기가 40대였기에 왜 그렇게 힘이 들었는지 돌아보고 똑같은 시행착오를 반복하고 싶지 않았다. 앞으로 직장생활을 하면서 자신이 그런 괴물 같은 상사가 되지 않도록 노력해야겠다는 의지를 보인 현명한 사람이었다. 그가 쓴 '후기'의 한 부분이다.

어느 책에서 보니까 에스키모인들은 화가 나면 그 화가 풀릴 때까지 혼자 눈밭을 걸어간다고 한다. 그리고 화가 풀리면 그 자리에 막대기 하나를 꽂아놓고 돌아온다고 한다. 솟구치는 분노와 증오를 잘게 쪼개어 길 위에 뿌리고 막대기를 통해 화가 풀렸음을 증명하는 셈이다. 나의 역사 쓰기 또한 그런 작업이었다. 이번에 난 막대기 하나를 꽂았다.

너무 늦지 않게 과거를 돌아보라고 권하고 싶다. 과거의 기억을 떠올려보고, 치유할 건 치유하고 화해할 건 화해하자. 치유되지 않은 상처나 아픔은 엉뚱한 결과를 가져온다. 100세 시대에 걸핏하면 화를 터뜨리는 '앵그리 올드'가 되지 않기 위해서라도 자기 역사 쓰기는 필요하다.

50년간 켜켜이 쌓인 묵은 때들: 그간 만들어온 편견과 고정관념에 대하어

2장.

이 장에서는 나의 역사를 쓰는 과정에서 나타나는, 오랜 세월 동안 자기 안에 쌓인 편견과 고정관념에 관해 다루고자 한다. 누구나 수많은 편견과 고정관념을 가지고 살아가지만, 그 화살이 항상 타인이나 세상을 겨냥하고 있는 건 아니다. 자신의 과거에 대해 쓰다 보면, 누구보다 잘 알고 있다고 생각해온 나 자신에 대한 편견과 고정관념도 정말 많고 다양하다는 사실을 새삼 깨닫게 된다. 이런 연유로 자기 역사를 쓰기 시작한 사람들이, 채 본론을 쓰기도 전에, 혹은 처음에 역사 연표와 목차를 만들어보는 과정에서 "아, 내가 이런 사람이었구나!"라고 감탄인지 놀라움인지 모를 말을 쏟아내는 것이다.

그래서 이 장에서는 그동안 우리 프로그램, '디어 마이 라이프'에 참여한 사람들이 자기 역사를 쓰기 위해 과거를 돌아보는 과정에서 느꼈던, 즉 '자신도 잘 모르던' 자기 자신의 진짜 모습에 대한 이야기, 자기 인생의 전환점을 이룬 사건에 관한 이야기, 자기도 모르게, 때로는 의도적으로 자신을 가두었던 편견과 고정관념의 '프레임'에 관한 이야기와 그에 얽힌 감정들을 끄집어내서 공유하고자 한다.

혹시 '이제 와서 새삼 과거의 편견과 고정관념을 들춰낸다고 해서 무엇이 달라질까?' '뒤늦게 후회하고 반성해본들 무슨 소용이 있을까?'라고 생각하는 사람도 있을지 모르겠다. 하지만 더 늦게, 예순이나 일흔쯤에 후회하는 것보다는 지금, 한 살이라도 젊을 때 빨리 후회하고 반성하는 게 낫다고 생각한다. 오십은 얼마든지 인생의 방향을 수정할 수 있는 나이이니까 말이다. 과거를 돌아보며 후회하고 반성한다고 해서 자신의 가치가 줄어드는 건 아니라는 점도 기억하자.

물론 편견이나 고정관념이 항상 부정적인 것만도 아니다. 그래서 "내가 이런 사람이었구나!"라는 표현 속에는 자신이 스스로를 가두었던 어떤 프레임에 대한 후회와 안타까움도 있지만, 좀 더 긍정적이고 따뜻한 시선으로 봐주었어도 좋았을 자신, 좀 더 믿어주어도 좋았을 자신에 대한 미안한 마음도 들어 있는 것이다.

역사 쓰기를 통해 지난 50년간 자신이 만들어온 편견과 고정관념에 대해 살펴보는 건 '내가 어떤 사람인가?'를

알게 해주는 지름길인 동시에 앞으로의 삶의 방향을 잡는
데도 큰 힘이 될 것이다.

내 인생의 목차를
만들어봤을 뿐인데…

내 인생의 전환점은
어디어디였을까?

◇

앞에서도 이야기했듯이 오십은 인생 전체를 조망할 수 있는 나이이고, 인생의 오르막과 내리막, 성공과 실패, 좌절을 두루 경험한 나이이다. 아무리 평탄하게 살아온 사람이라도 몇 개의 전환점은 경험했을 것이다. 나의 인생을 크게 구분한다면 몇 장으로 나누어질까? 지금까지 살아온 내 인생을 한 권의 책으로 만든다면 몇 장 몇 절로 나눌 수 있을까?

자기 역사를 본격적으로 쓰기 전에 가장 먼저 하는 건 내 인생의 목차를 만드는 일이다. 즉 자기 인생의 큰 흐름을 크게 몇 장으로 구분하고 각 장을 또 몇 절로 나누어 보는 작업을 하는 것이다. 이렇게 인생의 목차를 만들어보는 건 튼튼하고 짜임새 있는 집을 짓기 위해 설계도를 그리는 일과 비슷하다. 혹은 자기 역사 쓰기라는 긴 여행을 떠나기에 앞서 전체 여행에 대한 대강의 계획을 짜는 것과도 같다.

따라서 목차만 잘 만들어도 역사 쓰기의 반이 끝났다고 말할 수 있을 정도로 목차 만들기는 중요한 작업이다. 설계도가 있어야 튼튼하고 안전한 집을 지을 수 있고, 여행을 떠나기에 앞서 방문 지역이나 숙소에 관한 어느 정도의 계획표를 가지고 있어야 여행 중간에 헤매다가도 다시 제자리를 찾아갈 수 있다. 그래야 집짓기나 여행이 힘들어도 포기하지 않을 수 있다. 물론 집을 짓거나 여행을 하는 도중에도 구조나 세부 일정이 바뀔 수 있는 것처럼 자기 역사 쓰기의 목차도 중간에 얼마든지 바꿀 수 있고 또 내용을 보완하는 것도 가능하다.

그렇다면 '나의 인생'이라는 책의 장과 절을 구분하는 기준은 무엇일까? 사람마다 서로 다른 인생을 살아왔고 인생을 바라보는 관점도 다르기 때문에 그 기준을 한두 가지로 확정해 말하기는 어렵다. 그래서 스스로 내 인생을 어떻게 구분해볼 수 있을지 생각해보는 것 자체가 매우 중요하다는 점을 강조하고 싶다. 우리 프로그램에서는 인생을 구분하는 데 도움을 주기 위해 간단한 역사 연표 양식을 제시하였다.

아래 역사 연표는 다치바나 다카시의 《자기 역사를 쓴다는 것》에 나오는 역사 연표를 참고하여 만든 것으로, 내 삶의 중요한 전환점을 가져온 '변곡점'을 찾도록 도와주기 위한 것이다. 변곡점이란 원래 수학의 함수 용어로서 함수가 증가하거나 감소할 때 추세가 바뀌는 점을 말하는데, 여기서는 인생의 전환점을 가져온 중요한 사건이나 장면을 의미한다.

이 역사 연표에 채워야 하는 내용은 어떤 시점에서의 주요한 사건들, 당시 내 주변의 반경 5미터 이내에 있던 사람들, 그리고 사적인 일이나 사건의 내용, 의미 등등이다. 이 내용들을 연대순으로 채우거나 혹은 출생, 유년 시절, 중고등학교 시절, 대학 시절, 취업이나 결혼 같은 주요 사건, 혹은 올림픽이나 IMF 같은 시대적 배경을 중심으로 구분하여 하나씩 채우다 보면 어떤 시기에 겪은 특정한 사건이나 감정, 혹은 어떤 사람과의 관계가 내 인생에 중요한 변곡점을 만들었다는 것을 알 수 있을 것이다.

이해를 돕기 위해 우리 프로그램에 참가했던 N씨가 만든 자기 역사 연표를 소개하고자 한다. N씨는 이 연표를 작성해봄으로써 자기 인생에서 전환을 가져온 네 가지 변곡점을 찾을 수 있었다. 즉 부산에서 태어나 성장한 그가 서울 소재 대학에 입학한 것, 취업 후에 미국 지사 발령을 받은 것, 미국에서 결혼하고 가족을 이룬 것, 다시 한국으로 이주한 것이 그의 인생의 네 가지 변곡점인 것이다.

N씨의 역사 연표

한 해의 주요 사건	반경 5미터 이내 사람들	사적인 일, 사건 내용, 의미
- 부산에서 2남 2녀의 막내로 출생(1966년) - 부산 시내 초중고등학교 다님(1973-1985년)	부모님, 형, 누나 두 명 동네 친구들 초중고 친구들	- 형이 다리 밑에서 주워왔다고 놀려서 진짜 그런가 불안해 걱정, 돈 2000원이 모자라서 유산하지 못했다는 어머니 말씀 듣고 안심 - 어렸을 때부터 한번 시작한 일은 끝까지 했고, 심부름 잘하고, 꼼꼼한 성격이었음
- 서울 소재 대학 입학(1985년) - 민주화 시위에 참여(1987년) - 88서울올림픽 - 군대 면제	부모님, 고향 친구들, 같은 학과 친구들 가정교사했던 집 식구들, 첫사랑 ○○	- 서울 Y대학 입학, 기숙사 생활하다가 입주 가정교사, 첫사랑 만남, 불화 그리고 이별 - 학생운동, 민주화 시위 참여 - 군대 면제 받음(내 인생의 새옹지마)

- 취업(1990년) - 미국지사 발령(1992년) - 창업(1997년)	미국 지사 직원들, 대학 동창모임, 창업한 회사에서 함께 고생했던 직원들	- 대학 때부터 외국에 대한 동경이 있었음 - 일본이냐? 미국이냐? 고민 - 미국 지사 발령, LA에서 5년 근무 후 사표 - 꿈에도 생각지 못한 미국 영주권 인터뷰에서의 반전 사건 - American Dream의 신호탄, 창업 - 귀인 만남, 2개 회사 운영
- 미국에서 결혼, 새로운 가족(2000년) - 이혼, 재혼(2005년)	원가족(어머니, 형, 누나들), 자녀들(2녀) 회사 직원, 동창모임	- 갑작스러운 결혼과 큰딸 출산 - 불화의 시작, 이혼 - 재혼 - 가족에 관한 생각, 고민 - 사업 확장
- 사업 정리 - 한국으로 이주(2018년) - 제2의 인생 구상 - 코로나19	원가족(어머니, 형, 누나들) 아내, 자녀들 미국 친구들, 한국 친구들	- 미국 사업체 정리 - 정신적 멘토와의 만남으로 다시 태어난 나 - 수없이 계속된 구사일생의 여정 - 한국으로 이주 - 여전히 풀리지 않은 의문: 나는 누구인가? 어디로 가는가?

자, 어떤가? 역사 연표만 봐도 N씨가 어떤 인생을 살아왔는지가 한눈에 그려지지 않는가? 그런데 우리 프로그

램 참가자 중에는 내가 제시한 역사 연표보다 훨씬 상세한 내용을 담은 표를 스스로 만들어서 사용한 경우도 있었다. 예를 들면, K씨가 만든 역사 연표는 중요한 사건이나 에피소드뿐 아니라 그가 거쳐온 공간들, 활동들, 인간관계, 인생의 맛 등으로 더 세분화하여 그의 인생의 다양한 측면을 한눈에 볼 수 있도록 만들어졌다.

K씨의 나의 역사 연표(샘플)

구분	내 인생의 공간들	내 인생의 활동들	내 인생의 사람들(관계)	내 인생의 맛
어린 시절				
학창 시절				
직장인 시절				
결혼과 출산				
학부모의 삶				

내 인생이
한 권의 책이라면

◇

역사 연표를 통해 변곡점을 찾았다면 다음으로 해야 할 일은 목차를 만드는 일이다. 즉 변곡점이나 전환점을 중심으로 자신의 인생을 몇 장으로 나누고, 한 장 안의 내용을 다시 몇 절로 나누어보는 것이다. 그리고 나뉜 장과 절 하나하나에 적당한 이름을 붙이는 것이다.

G씨가 만든 목차를 예로 들면 아래와 같다. G씨는 자기 역사를 크게 여섯 개의 장으로 나누었다. 어린 시절, 중고등학교 시절, 대학 시절, 여성학을 접하면서 변해간 시절, 유학 시절, 그리고 직업을 가진 이후부터 현재까지의 삶으로 장을 여섯 개로 구분하고, 각 장마다 '도시 산동네의 어린 시절', '처음이자 마지막 모범생 시절', '어쩌다 보낸 대학 시절', '진짜 여성이 되어 가던 시절', '인생의 장애물을 넘어간 시절, 열등감을 떠나보낸 이야기', '나의 새로운 얼굴을 만들어가는 시간'이라는 이름을 붙였다. 그리고 각 장별로 두 개에서 다섯 개의 절을 만들고 여기에도 이름을 붙였다.

흥미로운 건 이렇게 역사 연표와 목차를 만드는 과정만으로도 자기 인생 전체를 꿰뚫는 통찰이나 직관이 생길 수 있다는 점이다. 역사 연표를 만드는 과정에서 생전 떠올리지 않았던 기억이나 생각이 떠오르고, 목차를 만들면서

G씨의 자기 역사 목차

프롤로그

1. **도시 산동네의 어린 시절**
   - 가난했던 우리 가족, 그리고 이웃들
   - 엄마를 잃어버린 기억
   - 사촌의 비밀

2. **처음이자 마지막 모범생 시절**
   - 공부 잘하는 학생
   - 선생님들의 성추행
   - 부자가 되어가던 우리, 아빠의 성공(그 뒤에 감추어진 희생)
   - 열심, 열심, 또 열심: 방송부의 추억
   - 과외 선생님과의 만남

3. **어쩌다 보낸 대학 시절**
   - 첫 남자친구
   - 시집 잘 가는 법

4. **진짜 여성이 되어가던 시절**
   - 여성학에 눈뜨다
   - 다시 공부 한번 해보자(가장 열정적인 시절: 여성학과의 동료, 후배와의 삶)
   - 공부로 생겨난 열등감(자유롭기 위해 시작한 공부가 나를 예전보다 더 괴롭게 하다)

5. **인생의 장애물을 넘어간 시절, 열등감을 떠나보낸 이야기**
   - 나를 떠난 열등감(나의 모습으로 지낸 6년: 유학생활)
   - 오로지 내 모습으로 살아가자(직장생활, 동료관계, 가족관계의 재정립)

6. 나의 새로운 얼굴을 만들어가는 시간
　- '선생님'이 된 나(또 다른 내 모습의 군상들을 마주하다)
　- '엄마'가 된 나(강아지 세 마리가 가져다준 '생명의 윤리학')

자신에 대해 몰랐던 걸 새삼 깨닫게 되고, 자신의 삶 안에 있었던 변화의 물결을 감지하는 등 평소에는 없던, 그래서 큰 기대도 하지 않았던 통찰이나 직관을 얻게 되었다고 고백한 사람이 여럿 있었다.

　최근에 자기 역사 쓰기를 시작한 P씨는 '먼저 쓰는 후기'를 통해, 역사 연표를 간단히 작성하면서부터 벌써 스스로를 담담하게, 객관적으로 바라볼 수 있게 되어서 좋았다고 고백했다.

　유난히 많은 일을 겪고 당하며 살아왔다는 피해의식 같은 게 내 안에 있다는 걸 잘 알고 있었으므로 나의 역사 쓰기가 심리적으로 힘든 작업이 될 건 뻔한 일이었다. 그래서 모른 척 지나치고 싶은 마음도 컸다. 하지만 오십을 넘자마자 건강이 나빠지기 시작했고 가까운 사람들한테 온갖 스트레스를 푸는 나 자신이 내가 봐도 싫고 위험해 보였다. 그래서 고해성사하듯이 써보겠다고 결심했다.
　그런데 뜻밖에도, '역사 연표'를 작성하는 과정에서

벌써 마음이 담담해지고 차분해졌다. 과거의 사건들을 객관적으로 되짚어보고 있는 나 자신이 다른 사람처럼 느껴질 정도였다. 인생의 갈피마다 발을 동동 구르며 자기 연민에 빠지던 내가 아닌, 그 많은 고비를 잘도 넘겼구나, 이런 생각을 하는 의젓한 내가 보였다. 생전 처음 보는, 낯설지만 긍정적인 나의 모습이었다.

J씨의 경우도 그랬다. 그는 자기 역사를 모두 쓴 후에 마지막으로 쓴 '후기'에서 역사 연표와 목차를 만들어보는 과정에서 신기한 경험을 했다고 밝히고 있다. 목차를 만들기 위해 자신의 인생을 크게 돌아보는 과정에서 30대 중반부터 느꼈던 무력감과 공허감의 정체가 무엇이었는지에 대해서 알게 되었고, 그동안 자기 인생을 움직인 동력이 자신의 내부보다는 외부에 있었다는 것도 깨달았다고 했다.

솔직히 큰 기대는 없었다. 역사 쓰기 같은 건 더 늦게 해도 되지 않을까, 많이 망설였다. 대단한 효과가 있을 것 같지도 않았다. 그런데 시작하자마자 신기한 일이 일어났다. 처음에 선생님의 간단한 설명과 함께 역사 연표와 목차를 만들어보는 시간이 있었고, 집에 가서 완성해오라는 숙제가 있었다. 집에서 목차를 만들어보기 위해 내 인생을 크게 돌아보고 궁리해보는 과정에서 중요한 걸 깨달았다.

그건 두 가지였다. 첫 번째는 그동안 내 인생을 움직인 건 내가 아니었다는 것. 즉 내가 주도적으로 뭔가를 만들며 살아왔다기보다는 외부의 동력에 의해 움직여왔다는 사실이다. 그동안 난 내가 제법 자기결정권을 행사하는 자율적이고 독립적인 사람인 줄 알았는데 그건 상당 부분 착각이었다. 이제 와 돌아보니 나보다는 가족, 타인의 선택을 더 중요시했고, 난 조그만 연못 안에서 발버둥치고, 소리지르고 반항하며 살아온 정도였다.

두 번째로 느낀 건 서른 무렵까지만 해도 꽤 또렷하고 반짝거리던 목적의식, 소명감 같은 게 있었는데, 30대 중반부터 그런 게 모두 희미해지고 공허감만이 내 삶을 지배하고 있다는 사실이었다. 남편 직장에 문제가 생겨 갑작스런 실직으로 이어졌을 때, 내가 할 수 있는 게 아무것도 없다는 걸 알았고, 무력감만 남았다. 아이에게 최소한의 안전한 울타리라도 되어주자는 마음으로 나름 열심히 일하면서 살아왔건만 이제 와서 돌아보니 중요한 무언가를 모두 잃어버린 채였다. 최근에 느꼈던 공허함의 원인도 바로 그거였구나, 처음 깨달았다.

Y씨도 자기 인생에서 가장 중요한 몇 사람, 부모님, 아들, 딸, 친구, 동료 등의 이름을 적고 그들에 대한 기억을 더듬어보고 써본 것만으로도 자신이 어떤 사람인지, 그동안 어떤 삶을 살아왔는지에 대해 많은 걸 느끼고 깨달았다고 했다.

프롤로그에서도 밝힌 것처럼 나 자신도 비슷한 경험을 했지만, 앞에서 얘기한 J씨도 목차를 만드는 과정에서 앞으로 어떻게 살아야겠다는 아이디어가 떠올랐다고 한다.

위의 두 가지 깨달음은 자연스럽게 앞으로 쓰일 내 삶의 방향을 알려주었다. 내 인생의 나머지 챕터는 '이제부터라도 내가 주도하는 삶을 살려면 어떻게 해야 할까?' 그리고 '서른 무렵에 꿈꾸던 삶을 어떻게 되찾을 것인가?'에 관한 것이어야 했다. 신기했다. 단순히 내 인생의 역사 연표를 채우고 목차를 만들어봤을 뿐인데 나라는 인간의 실체를 보게 되고, 과거와 미래까지도 단숨에 꿰뚫을 수 있다니. 그동안 가출했던 통찰력이 되돌아온 느낌이었다.

이렇게 역사 연표와 목차를 만들어보는 과정에서 평소라면 자주 일어나지 않는 일이 생기는 이유는 무엇일까? 평소에는 의식조차 하지 못했던 중요한 사실을 갑자기 깨닫게 되거나 앞으로 어떻게 살아야겠다는 아이디어가 갑자기 떠오르는 이유는 무엇일까? 그래서 기대 이상의 깨달음을 얻고 인생의 방향을 정할 수도 있는, 마치 '보이지 않는 손'의 도움을 받는 듯한 느낌마저 드는, 한두 마디 말로는 설명하기 어려운 이 신비로운 것의 정체는 무엇일까?

그건 역사 연표와 목차를 만드는 작업이나 과정이 관찰, 통찰, 성찰의 과정을 거치기 때문이 아닐까 싶다. 관찰, 통찰, 성찰은 소설가 조정래 선생이 쓴《소설창작, 나와 세계가 만나는 길》속에 나오는 개념이기도 하다. 조정래 선생은 글을 쓰기 위한 문제의식을 길어내는 과정을 이 세 가지로 설명하였다. 즉 나와 세계의 일차적 관계를 직시하는 것이 '관찰'이고, 거기에서 인과적 관련성을 생각해보는 것이 '통찰'이라면, 그를 통해 아름다운 삶을 실천해나가기 위한 구체적 발걸음이 '성찰'이라고 말한다. 간단히 말해서 관찰은 겉을 계속 보는 것이고, 통찰은 꿰뚫어 안까지 보는 것이고, 성찰은 나를 통해 보는 것이라고 했다.

이 세 가지를 역사 연표와 목차 만드는 과정에 적용해보면, 자신이 겪은 일, 사건, 감정, 주변의 인간관계들을 직시해보고(관찰), 그들 간의 인과적 관련성을 찾기 위해 안까지 들여다보며(통찰), 이 모든 것들을 나의 눈을 통해 보면서 삶에서 실천해나가는(성찰) 과정과 겹친다고 말할 수 있다.

혹은 역사 연표와 목차를 만드는 과정에서 우리 안에 숨어 있던 직관이나 본능적인 '촉'이 발동하기 때문일지도 모른다. 최근의 뇌과학에 의하면 직관은 가장 고도화한 지능 중의 하나라고 한다. 우리의 의식이 미처 깨닫지 못하는 것까지도 직관은 잘 알고 있기 때문이다. 그런데 직관이 어느 날 갑자기 나타나는 우연의 산물일 것 같지만 실상은 그렇지 않다고 한다. 뇌과학의 연구 결과에 의하면 우리 뇌가 받아들이는 정보의 10퍼센트만이 전두엽♦ 안의 '의식'으로 흡수되고, 나머지 90퍼센트는 '무의식'으로 들어간다고 한다. 그리고 우리의 무의식 속에 쌓여 있는 굉장한 양의 데이터를 바탕으로 직관이나 촉이 발동하게 된다는 것이다. 즉 직관은 태어날 때부터 현재까지 오랜 시간 우리 안에 축적되고 훈련된, 평생을 갈고닦은 정보의 결과물인 것이다. 그리고 우리의 뇌가 무의식 속에 있는 방대한 정보에 접속해 새로운 것들을 연결하고 조합할 때 직관의 힘은 더 강력해진다고 한다.

'역사 연표'와 '목차' 만들기만으로도 내 인생에 대한 통찰과 직관이 일어날 수 있다는 것, 상대적으로 간단한 작업을 통해서도 나 자신의 과거와 현재를 꿰뚫어 보고 보다

♦ 전두엽은 대뇌 앞부분에 가장 넓은 면적을 차지하는 부분으로 기억력과 사고력, 추리, 계획, 문제해결 등을 주관한다.

나은 미래를 구상해볼 수 있다는 건 흥미로운 일이 아닐 수 없다.

카르페 디엠,
현재가 제일 중요하다?

현재를 살기도 바쁜데,
왜 과거를 돌아봐야 하는가?

◇

자기 역사 쓰기에 거부감을 가지는 사람 중에는 과거를 돌아보는 것 자체에 반감을 가지거나 심지어 두려움을 느끼는 경우도 많았다. 그들은 이렇게 말한다.

"왜 과거를 돌아봐야 하는데?"

"아이고, 할 수만 있다면 과거를 아무도 모르게 지우

고 싶은데, 그걸 쓰라고?"

이렇게 말하는 사람도 있었다.

"어린 시절 이야기를 하려면 부모님이나 형제 이야기를 해야 하지 않나요? 어머니가 아직도 살아계신데… 형제나 친구가 명예훼손으로 고소라도 하면 어쩌죠?"

그 마음 충분히 이해한다. 사실 나도 후배와 함께 나의 역사를 처음 쓰기 시작할 때 잘 써지지 않았던 가장 큰 이유가 '내가 왜, 이 시점에서, 과거를 돌아봐야 해?'라는 의문 때문이었다. 난 '지금 여기에서'의 삶을 중요시하는 사람이었다. 과거는 그냥 과거에 지나지 않았다. 평소에 과거를 회상한다거나 과거에 대해 자주 말하는 것은 "라떼는 말이야…"처럼 지루하고 뭔가 억지스럽게 느껴졌다.

어디 그뿐인가. 그동안 본 멋있는 책이나 영화는 다 '현재를 살라'고 말하고 있었다. 영화 〈죽은 시인의 사회〉에서 키팅 선생님도 '카르페 디엠(carpe diem)'이라고 외치지 않았나. 우리 말로는 '현재를 잡아라'라고 번역되는 이 말은 영화 속에서, 미래를 위한다는 미명하에 현재의 삶, 낭만, 즐거움을 포기하는 학생들에게 지금 살고 있는 이 순간이 무엇보다 확실하며 중요한 순간임을 일깨워주는 것이었고, 내게도 상당한 영향을 미쳤다. 그리고 '현재에 집중하라'는 이 삶의 지혜는 동서양을 막론하고 공통된 것이었다.

가능하면 뒤를 돌아보지 않으려 했던 또 하나의 이유는 그래야만 그동안 내가 했던 선택이 그나마 괜찮아 보였기 때문이다. 아, 그때 왜 전공을 바꿨을까? 아, 그때 다른 남자를 만났더라면 지금보단 나았을 텐데, 그때 그 직장이 더 나한테 잘 맞았는데…, 이런 식으로 그동안 했던 수많은 선택에 의문을 달고 후회하기 시작하면 한도 끝도 없이 불행해질 위험이 있었기 때문이다.

한 마디로 난 현재를 살고 싶었다. 그래서 '그래, 지금의 내 운명을 사랑하자, 아모르 파티(Amor Fati)라 하지 않던가', 이런 태도를 가지고 인생을 직진하며 살아왔다.

하지만 과거를 돌아보지 않은 채 나라는 사람을 온전히 배울 수 있을까? 과거를 모른 채 어떤 사람을 이해할 수 있을까? 대답은 '아니오'다. 우리가 바꿀 수 없는 과거에 대해 들추어내는 건 과거를 탓하고 누구를 원망하기 위한 것이 아니다. 오히려 과거의 굴레로부터 스스로 걸어나오기 위한 것이다.

과거를 지우고 나이를 바꿔달라고 소송을 제기한 네덜란드인

몇 년 전에 재미있는 기사를 봤다. 네덜란드에 사는

69세 남자가 "내 나이를 49세로 바꿔달라"며 소송을 제기했다는 내용이었다. 에밀 라텔반드(Emile Ratelband)라는 사업가였다. 1949년생인 라텔반드의 주장은 이러했다.

"난 나이보다 최소한 20년은 더 젊다. 건강검진 결과 의사들도 나의 신체 나이가 49세라고 말했다. 그러니 내 생일을 1969년 3월 11일로 변경시켜 달라."

그는 나이 때문에 받는 차별도 심각하다고 주장했다.

"지금 나이로는 할 수 없는 게 많다. 49세가 될 수 있다면 새로운 일을 하거나 집을 살 수 있다. 데이트앱에서 여성과 연락을 주고받기에도 유리하다."

라텔반드 씨는 꿈도 야무지게 말하고 있었다.

"우리는 이름과 성별을 바꿀 수 있는 시대에 살고 있다. 나도 내 나이를 결정할 권리가 있다. (…) 만약에 49세가 될 수 있다면 은퇴하는 순간까지 연금도 포기하겠다."

이 세상에서 가장 자유로운 나라, 네덜란드에서라면 나올 법도 한 주장이라고 생각되지 않는가?

하지만 대부분의 현지 언론들은 라텔반드의 패소를 전망했는데, 그 이유는 네덜란드에 개인의 공식 출생일을 변경할 수 있는 법적 근거가 존재하지 않기 때문이라고 한다. 실제로 네덜란드 힐데를란트주 아른험시 지방법원은 시 당국을 상대로 부당처분 소송을 제기했던 이 사건을 다음과 같은 이유로 기각했다.

"네덜란드는 법적인 나이에 따라 국민에게 각 권리와 의무를 부여한다. 투표하고 의무교육을 받는 것도 이에 해당한다. 원고의 주장은 이 모든 조건을 무의미하게 만들 위험이 있다."

그런데 흥미로운 건 판사의 다음과 같은 이야기였다.

"출생 날짜를 변경하는 것은 법이 개인의 삶의 일부를 삭제한다는 뜻이다."

판사는 법정에 출석한 라텔반드에게 이런 질문을 던졌다고 한다.

"1949년부터 1969년까지 당신 부모님이 돌본 그 작은 소년은 누구인가?"

판사의 마지막 질문이 인상적이지 않은가? 나의 과거는 온전히 나만의 것이라고 생각하기 쉽지만 사실 나만의 것이 아니다. 나의 과거는 지금의 나를 있게 한 사람들, 나를 키워준 부모님, 어린 시절에 만나 함께했던 사람들의 과거이기도 하다. 만에 하나 나의 과거를 지울 수 있다고 해도 그들의 과거와 기억까지 없앨 수는 없는 것이다. 즉 그들의 과거 속에 남아 있는 과거의 나와 나에 대한 기억까지 지울 수는 없는 일이다.

《인간본성의 법칙》의 저자 로버트 그린이 주장했듯이, 인간의 '현재'는 과거를 포함한다. 모든 사건은 끝없이 이어진 역사라는 인과관계 속에서 이전에 발생한 어떤 일과 연관성을 가지고 있다. 현재의 모든 문제는 과거에 뿌리를 두고 있다. 그리고 그것은 미래까지도 아우른다.

한편 우리의 과거는 시간뿐 아니라 공간과도 깊이 연결되어 있다. 우리 프로그램 참가자 중에 K씨는 자기 역사를 쓰기 위해 공간을 중심으로 과거를 돌아보게 되었는데, 사라진 공간과 함께 자신의 과거도 사라져 버렸다는 걸 깨닫게 되었다고 한다. 서울에서 이사를 거듭하며 사는 동안 자신의 과거와 역사가 다 흩어져 없어져 버렸다는 슬픈 이야기였는데, 다른 참가자들로부터 많은 공감을 얻었다.

서울에서의 삶은 완전 떠돌이의 삶이었다. 몸도 마음도 너무 고달팠다. 그래도 시골집으로 돌아갈 마음은 전혀 없었기에 친척 집 방 한구석에서부터 5평짜리 원룸, 15평 아파트, 23평 아파트, 지금 사는 30평대 아파트로 옮기기까지 최소한 열다섯 번은 짐을 싸고 풀고를 반복하면서 살아왔다. 어떻게든 서울에서 살아보려고 이를 악물었던 세월이었다.

이사에 이사를 거듭하는 사이 나의 과거와 역사는 다 흩어져 버렸다. 과거의 추억이나 기억을 간직하는 데도 최소한의 안정된 공간이 필요했던 것일까. 소중한 추억은 시공간을 넘어 나를 따라다닐 거라고 나 편할 대로 생각했는데, 전혀 그렇지 않았다. 얼마 전에 부모님과 함께 찍었던 사진을 담아둔 상자를 통째로 잃어버렸다는 걸 알았을 때 눈물이 끝도 없이 흘러내렸다. 정확하게 언제 어디서 잃어버렸는지조차 기억나지 않는다는 사실이 더 슬펐다. 도대체 그동안 무얼 하며 헤맸던 것일까. 10년 넘게 살았던 동네를 생각해도 마음속에 쌓인 기억이 없다. 8년 넘게 살았던 아파트 주소도 기억나지 않는다.

J씨가 쓴 글을 보면서 황현산 선생의 《밤이 선생이다》에 나오는 이야기가 떠올랐다. 소설가 홍성원 선생이 개항 무렵의 강상(江商)들에 관한 소설을 쓰려고 경기도와 충청도 지역의 강나루를 답사하면서 마지막 강상들과 함께 일했던 사공들을 만났다고 한다. 그러나 사공들에게서 기대했던 대답을 얻을 수는 없었다. 강에 댐을 쌓고 하안공사를 한 후 나루터가 없어지고 나니 거기서 일하던 기억도 사라지고 말았다는 대답과 "내가 무엇을 하고 살았던가"라는 한탄만 들었다는 것이다.

황현산 선생은 이 이야기를 통해 기억의 땅을 백지로 만드는 서울의 변화에 대해 경고했다. 땅이 그 기억을 간직하지 못한다면 이 나라 사람이 이 땅에서 반만년을 살았다 한들, 한 사람이 이 땅에서 백년을 산다 한들, 단 한순간도 살지 않은 것이나 같은 것이라고 말이다.

과거의 아픈 이야기는 절대 하지 않는 그녀, 과연 괜찮은 걸까?

◇

L씨는 어린 시절 이야기를 쓸 때 부모님에 대해 자세히 쓰지 않았다. 부모님보다는 할머니 손에서 자랐고 그래서 할머니에 대한 애정이 지금도 각별하게 남아 있다는 이야기만 강조했다. 하지만 역사 쓰기의 후반 무렵, '앞으로 어떻게 살고 싶은지'에 대해 쓰는 과정에서 비로소 어머니 이야기를 꺼냈고, 왜 어머니를 좋아하지 않는지, 왜 어머니를 닮고 싶지 않았는지에 대해 쓰기 시작했다.

친정엄마는 독특하다는 말로도 부족할 만큼 정말 특이한 사람이다. 아무리 무남독녀 외딸이라고 해도 그렇게나 자기만 아는 사람은 흔치 않을 것이다. 어렸을 때 아버지가 사업에 실패하자 엄마는 아무 말도 하지 않고 친정으로 가버렸다. 외할머니가 와서 오빠와 나를 데리고 가지 않았다면 자식도 버렸을 거라고 생각한 적도 있다. 엄마에게 버림받고 혼자 살던 아버지가 말기암이라 여생이 얼마 남지 않았다는 소식을 전했을 때도 엄마는 눈 한 번 깜빡하지 않았고, 하필이면 자신이 좋아하는 TV 드라마 할 시간에 전화를 했다고 짜증을 냈다.

엄마는 평생 예쁘게 치장하는 걸 좋아했고, 아무 걱정이 없는 사람처럼 언제나 명랑하고 쾌활했다. 힘든 이야기는 절대 하지 않았고, 남들한테 세상에서 가장 행복한 사람인 것처럼 보이고 싶어 했다. 할머니나 친척들이 전쟁 때 고생한 이야기, 피난 가서 밥 굶었던 이야기 같은 걸 하면 상을 찌푸리면서 고개를 돌려버렸다. 삼풍백화점과 성수대교 붕괴사건 등으로 지인이나 동네 사람들이 사망하거나 실종되는 사건이 일어났을 때도 나만 괜찮으면 됐다는 태도였다. 유일하게 슬퍼했던 건 외할머니가 돌아가셨을 때였다. 충격을 받은 것 같기도 했다. 하지만 여행을 떠났다 돌아와서 다시 명랑한 얼굴을 되찾았고, 심지어 아들이 암 진단을 받았을 때도 평정심을 잃지 않고 당신이 좋아하는 탤런트 이야기에만 열을 올렸다.

80대에 접어든 엄마는 요즘도 화장하고 좋은 옷 입고 명랑하게 지내며, 젊어 보인다는 소리 듣는 걸 엄청 좋아한다. 반면 누가 아픈 이야기, 죽었다는 이야기는 절대로 입에 올리지 않고 들으려고도 하지 않는다. 지금도 어두운 과거 이야기는 절대 사절이다. 겉으로 보기에 엄마는 돈 걱정도 없고(할머니가 살던 집과 약간의 재산을 물려받았고, 자식들이 매달 생활비를 드린다), 건강하고 명랑한 팔자 좋은 할머니이다.

하지만 난 어렸을 때부터 항상 의문이었다. 엄마처럼 사는 게 과연 옳은 것일까? 사실 그동안 누구에게도 엄마 이야기를 자세하게 털어놓지 못했다. 중학교 때 친한 친구한테 엄마 이야기를 했을 때 "에이, 설마? 그런 사람이 어딨어? 너 과장이 너무 심한 거 아냐? 소설 쓰냐?"라는 말을 듣고 너무 창피했기 때문이다. 하지만 그때 이후로 엄마 같은 사람이 되지 않으려고 무진 노력하며 살아왔다. 난 지금도 지나치게 과거 이야기를 하지 않는 사람, 지나치게 밝고 명랑한 사람을 보면 무서운 마음이 든다. 나도 모르게 슬슬 피하게 된다.

사실 내 주변에도 비슷한 사람들이 있다. 어떤 경우에도 자신의 어두운 과거 이야기는 하지 않는 사람, 항상 좋은 이야기만 하고 좋은 면만 보이려고 애쓰고, 항상 어린아이처럼 명랑한 사람, 어두운 이야기를 하면 상 찌푸리고 들으려고 하지 않고, 심지어 그런 얘기 하지 말라고 화내는 사람도 있다. 한마디로 인생을 예쁘게만 꾸미려고 애쓰는 사람 말이다.

처음엔 지나치게 힘든 이야기 많이 하고 징징거리는 사람에 비해 편안해 보이고 성숙해 보였다. 아하! 저렇게도 살 수 있구나, 솔직히 부러울 때도 있었다. 그런데 이런 사람 오래 만나다 보면 과연 내가 이 사람에 대해 알고 있는 게 뭔가, 이 사람의 과거나 흑역사를 하나도 알지 못하는 내가 이 사람에 대해 무슨 말을 할 수 있을까, 의심스러운 생각이 들 때가 있다. 늘 좋은 얼굴로 사람을 대하는 가식적인 태도로는 솔직한 소통이 이루어지기 힘들고, 결국 거리감만 커질 뿐이라는 것도 실감했다.

마사 누스바움, 솔 레브모어가 쓴 《지혜롭게 나이 든다는 것》에도 104세까지 건강하게 살았던, 그러나 과거 이야기는 절대 하지 않았던 한 여성 노인에 대한 이야기가 나온다. 그는 첫 번째 남편이 사업에 실패했을 때 돈만 챙겨서 남편을 떠났고, 두 번째 남편이 암에 걸렸을 때도 전혀 돌보지 않았다. 아픈 과거는 그냥 잊어버리고 자신만 쾌활하게 살면 된다는 태도로 평생을 살았던 그녀에 대해 저자들은 '영원한 아동기'에 머문 것 같다고 말했다.

저자들은 이 여성 노인에 대해 겉으로는 친절하고 매력적이고 사랑이 많은 것처럼 꾸미고 연기했지만 실상은 그 누구도 진실하게 사랑하지 않았고, 자신의 정체성에도 솔직하지 못한 사람이었다고 평가했다. 저자들은 말한다. 영원한 현재는 영원한 과거와 마찬가지로 경직된 덫일 뿐이라고. 한결같은 긍정은 일종의 회피일 뿐, 삶의 문제에 대한 적절한 해결책이 아니라고.

그렇다. 지나치게 과거에 얽매이고 모든 것을 과거에

종속시키는 것도 잘못이지만, 과거를 너무 우습게 보고 폐기 처분하는 것도 좋지 않다. 우리가 어떤 사람을 잘 알기 위해서는 그의 과거를 알아야 하는 것처럼 우리 자신을 잘 이해하기 위해서도 지나온 인생의 서사를 소중히 여기고, 비록 슬프고 괴롭더라도 회고적 감정에 빠져볼 필요가 있다. 실패하고 아팠던 과거에도 직면할 수 있어야 좀 더 성숙한 사람이 될 수 있는 것이다.

이 점에서 과거의 생명력은 과거에만 있는 것이 아니고 오히려 현재에 속해 있다고도 말할 수 있다. 그래서 현재진행형의 과거와 추억을 많이 가진 사람이라면 인생을 잘 살아온 사람, 지금도 잘 살고 있는 사람이라고 말해도 좋지 않을까. 현재의 시간들 역시 좋은 과거, 좋은 추억으로 남을 수 있도록 노력해야 한다는 생각도 든다.

돌아보니,
인정 투쟁의 삶을 살았구나

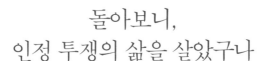

열심히 살았다는
자부심으로 버텼는데...

◇

O씨는 자신이 '인정 투쟁'의 삶을 살았다고 했다. 직장에 다니던 30대까지는 물론이고 육아와 아이들 뒷바라지 때문에 회사를 그만두고 '경단녀'로 10여 년을 살면서도 마음속으로는 항상 인정받고 싶은 욕망이 꿈틀거렸고, 사람들이 자신을 알아주지 않아서 힘들었다고 했다. 그는

막내가 대학에 들어가자마자 인문학 공부에 매진하고 외국어도 배우며 지냈던 지난 몇 년간에 대해 이렇게 썼다.

지난 5년 동안, 경단녀로 살아온 세월을 보상이라도 받으려는 듯이 정말 열심히 공부하러 다녔다. 월요일부터 금요일까지 하루도 빠지지 않고 철학, 미학, 세계사 등등의 강좌를 들으러 다니고 나중에 유럽 여행할 때 쓰려고 불어, 스페인어도 배우러 다녔다. 공부하러 다니는 게 큰 즐거움이자 자부심의 근원이었다. 거기서 똑똑하고 좋은 사람들도 많이 만났다. 하지만 속마음을 털어놓을 정도로 친해지지는 못했다. 지금 생각해보니 사람들과 친해지지 못한 데에는 내 탓이 컸다. 내 마음은 항상 이렇게 소리치고 있었다.
"당신들이 날 알기나 해? 나 능력 있는 사람이야. 10여 년을 집에서만 썩어서 그렇지 나 원래 똑똑한 사람이라고."

코로나19로 인해 모든 강좌가 취소되었을 때, O씨는 인문학 공부를 계속할 수 없다는 사실 때문에 크게 실망했다. 그러나 상황이 상황이니만큼 어쩔 도리가 없었다. 그렇게 몇 달을 우울하게 보내던 차에 지인의 소개로 자기 역사 쓰기 프로그램에 참여하게 되면서 자기 자신을 깊이 성

찰하는 시간을 갖게 되었다. 그는 공부한다고 바쁘게 돌아
다녔던 자신에 대해 이렇게 썼다.

이번에 나를 돌아보니 정체도 다양한 설움과 열등감
이 마음속에 켜켜이 쌓여 있었다. 억울해하고 실망하
고 불안해하는 내가 숨어 있었다. 어렸을 때 오빠들
과 남동생 사이에 껴서 부모의 칭찬을 받으려 애썼던
기억, 나한테만 매번 용돈을 적게 주던 부모님에 대
한 불만 같은 것들이 원인이었을까. 결혼도 그랬다.
고등학교 졸업 후 다니던 회사에 실습 나온 K대생과
만나 결혼하게 되면서 마치 신데렐라라도 된 것처럼
부러움을 사던 시절도 있었지만 그건 잠깐이었다. 시
어머니의 무시와 언어폭력으로 인한 마음의 상처가
아직도 선명히 남아 있었다.
회사를 그만두었을 때 아이들 양육 때문에 그만두는
거라고 말하고 다녔지만 사실은 고졸이라는 학력과
능력의 한계 때문에 오래 일할 수 없다는 걸 잘 알고
있었다. 인문학 공부에 그렇게 몰두했던 것도 열등감
을 보상받고 싶었기 때문이었다. 겉으로는 열심히 산
다는 자부심이 가득했고, 당당한 척 고개를 쳐들고
다녔지만 속은 그게 아니었다.
그동안 난 내가 아닌 다른 누군가처럼 보이고 싶었

다. 남들의 인정을 받고 싶었고, 남들의 시선으로 나를 바라봤다. '집에서 노는 사람'으로 보이지 않으려고 노력했다. 어떤 강좌에서 '인정 투쟁'이라는 단어를 들었을 때 내 이야기 같았다. 그랬다. 난 인정 투쟁의 삶을 살았다. 항상 부족하고 보잘것없는 사람이었기에 나를 더 멋있게 포장하고 싶었다. 지금 당시의 나를 돌아보니 불쌍하고 가엾다.

사실 '인정 투쟁'이라는 단어가 부정적인 것만은 아니다. 독일 철학자 악셀 호네트가《인정 투쟁》이라는 책을 통해 이 개념을 처음 소개했을 때만 해도 인정 투쟁이란 역사적으로 자신들의 권리를 쟁취해가는 사회적 약자나 소수자가 인정 대상의 범위를 넓혀가는 투쟁을 의미했다. 즉 약자나 소수자가 자신을 있는 그대로 인정받기 위해 사회적으로 투쟁하고 노력하는 것이라는 점에서 긍정적인 의미의 단어였다.

하지만 O씨가 위에서 말한 '인정 투쟁'은 어떤 개인이 타인의 기준을 통해 자기 가치를 인정받으려고 투쟁하다시피 노력하는 것을 뜻한다. 이때 타인의 기준에 자신을 맞추려고 노력하다 보면 자기도 모르게 스스로를 약자로 상정하게 되고, 경쟁심과 질투심이 생기며, 그에 따라 불안감과 우울감도 높아지기 마련이다.

물론 인간은 뼛속까지 사회적 동물이어서 누가 나를 쳐다보고 인정해줘야 살아 있음을 느끼는 존재이다. 타인의 관심이 줄어들면 뇌에도 부정적인 영향을 미치고 사회성이라는 근육도 줄어든다고 한다.

하지만 우리나라처럼 경쟁과 성취를 지나치게 강조하는 사회에서는 타인의 인정을 받기 위해 너무 많은 에너지를 쓰거나 낭비하는 경향이 있다. 타인의 인정을 받아야만 잘 사는 것으로 착각하기도 한다. 그래서 우리 사회에서는 정도의 차이가 있을 뿐 거의 대부분의 사람이 인정 투쟁을 경험하게 된다. 나 역시 3, 40대 때를 생각하면 지금도 머리가 어지러워진다. 이때는 이래야 하고, 무엇을 이루어야 하고, 무엇을 가져야 하고, 몇 평짜리 아파트에서 살아야 하고, 무슨 차를 타야 하고… 그래야 잘 산다는 인정을 받을 수 있다는 듯이, 누가 정해준 것인지 알 수 없는 이상한 기준에 휘둘렸다. 이처럼 인정 투쟁의 삶을 살게 되면 삶의 기준점이 항상 밖에, 외부에, 타인에게 있게 된다.

언제까지 타인의 인정과 칭찬에 목을 맬 것인가

인정 투쟁의 정도가 심해지면 '인정 중독'에 빠지기

도 한다. 인정 중독이란 다른 사람들에게 인정받지 못하고 거부당할까 봐 두려워하고, 다른 이들 때문에 과도하게 상처받으며 그들이 나를 좌지우지하게 되고, 타인에게 인정받았을 때만 자신의 가치를 확인할 수 있는 상태를 말한다. 인지행동치료 분야의 세계적인 권위자 데이비드 번즈(David D. Burns)는 '상사가 내가 한 일을 마음에 들어 하지 않으면 어쩌지?' '동료들이 나를 싫어하면 어쩌지?' '다른 사람들에게 인정받지 못하면 어쩌지?' 같은 걱정에 가슴이 철렁 내려앉고 두려운 마음이 든다면 인정 중독을 의심해봐야 한다고 주장했다.

이런 인정 중독은 칭찬을 듣지 않으면 살아갈 수 없는 '칭찬 중독'과도 유사하다. 여성들만의 독특한 자기애(나르시시즘) 문제를 집중적으로 파헤친 독일의 유명한 임상심리 전문가 배르벨 바르데츠키는 '자신감과 열등감 사이에서 방황하는 여자들을 위한 심리처방전'이라는 부제가 달린 책 《나는 괜찮지 않다》에서 어떤 사람에 대해 칭찬하는 사람들은 그 사람 자체가 아니라 그 사람의 외모, 능력, 지성, 재능 등을 칭찬하는 것인데, 칭찬 중독에 빠진 사람들은 남들이 칭찬하는 특성만이 자신의 전부라고 오해한다는 점을 날카롭게 지적하였다.

바르데츠키는 칭찬 중독에 빠진 여성들이 유난히 예쁜 얼굴과 날씬한 몸매, 사회적 성공 등 모든 것을 가지려고 끊임없이 발버둥친다는 점에도 주목했다. 물론 누구나 그런 것을 원하는 건 사실이다. 하지만 칭찬 중독에 빠진 사람은 완벽한 미모, 사회적 성공, 남들의 부러움이 자기 삶의 가장 중요한, 때로는 유일한 기반이기 때문에 유난히 더 집착하게 된다는 것이다.

그는 칭찬과 애정의 비극적 연관관계에 대해서도 언급했다. 즉 칭찬과 애정을 동일한 것으로 착각하는 사람들은 칭찬 없이는 사랑받을 수 없다고 믿으며, 나의 있는 모습 그 자체가 아니라 상대가 바라는 모습이 되었을 때라야 비로소 사랑받을 수 있다고 생각한다는 것이다. 파트너가 전화하지 않는다고 불안해하다가 막상 전화하면 기다림에 상처받은 마음에 심하게 화를 내고 다투면서 파괴적 분노를 표출하는 '슬프면 화내는 여자'에 관한 이야기는 매우 유명하다.

3, 40대에는 타인의 관심과 인정이 내 성장의 디딤돌이 되기도 한다. 누군가를 부러워하면서 따라잡아야겠다고 의욕을 불태우는 태도가 나를 성장시키기도 한다. 누군가에 대한 질투심 때문에 부르르 몸을 떨며 '두고 보자. 나도 할 수 있다'며 주먹을 불끈 쥐고 힘을 내는 게 긍정적인 역할을 할 때도 있다.

하지만 오십이 되어서도 타인의 반응과 인정에 지나치게 얽매인다면 당신은 지치고 말 것이다. 타인의 인정이란 설사 받는다 해도 만족감이 오래가지 않고 언젠가는 사라지는 것이어서 오히려 갈증만 심해지기 때문이다.

인정받기 위해
우리는 모두 거짓말을 한다

◇

더 웃기는 건 우리가 그렇게 인정을 받으려 하는 그 타인들 또한 인정을 갈구한다는 점이다. 그들은 인정받기 위해서라면 거짓말도 불사한다. 특정 검색어의 추세를 보여주는 '구글 트렌드'를 5년간 연구한 세스 스티븐스 다비도위츠는 책《모두 거짓말을 한다》에서 오프라인과 페이스북에서는 행복한 것처럼 가식을 떠는 사람들이 구글 검색창 앞에서는 자신의 가장 어두운 구석을 비추는데, 그 내용은 충격적일 정도라고 고발한다.

예를 들어 페이스북 사용자들은 자신이 지적인 잡지를 좋아한다고 말하지만 그건 친구들이 자기를 똑똑한 사람으로 봐주길 원하기 때문에 거짓말을 하는 것이다. 실제로는 유명인의 가십거리를 다루는 잡지가 훨씬 많이 팔린다. 저렴한 호텔에 숙박하면서도 멋진 호텔에 머물고 있다고 말한다. 실제로 페이스북에서는 인류의 정의를 위해 싸우는 전사처럼 구는 사람들이 구글에서는 건강 문제, 성적

딜레마, 재정적 불안, 이혼 위기, 깊은 외로움 등의 개인적인 걱정거리에 관해 검색한다. 즉 사람들은 알게 모르게 자신을 과장하면서 살고 있는 것이다.

이렇듯 페이스북은 삶에 대해 매우 왜곡된 시각을 제공한다. 그래서 저자는 사람들의 실체를 제대로 파악하려면 인간의 어두운 면을 보여주는 검색 데이터와 밝은 면만을 비추는 페이스북 이 두 가지를 종합해야 한다고 주장한다. 한 마디로 구글은 '디지털 고해소'이고 페이스북은 '가식의 전시장'인 것이다. 5년간의 연구를 통해 그가 내린 결론은 이것이다.

"우리는 모두 공평하게 엉망진창이다."

프로이트, 융과 함께 '심리학의 3대 거장'으로 불리는 알프레드 아들러도 당신이 느끼는 불안은 당신 스스로 선택한 것이므로 타인의 인정을 얻기 위한 인정욕구를 과감히 포기하라고 주장한 바 있다. 내가 아무리 잘 보이려고 애써도 나를 인정하지 않는 사람, 나를 미워하고 싫어하는 사람은 있기 마련이니 미움받는 것을 두려워해서는 안 된다는 것이다. 내 영역이 아닌 부분은 과감히 내려놓을 수 있는 용기가 필요하다는 것, 이것이 바로 아들러가 말하는 '미움받을 용기'인 것이다.

따라서 행복해지고 싶다면 타인의 주파수에 나를 맞추지 말아야 한다. 머릿속에 떠오르는 이상적인 나와 실제의 나 사이에는 분명 차이가 존재한다. 우선 그 사실부터 받아들여야 할 것이다. 그리고 나를 있는 그대로 받아들여야 한다. 잘나가는 척, 힘들어도 힘들지 않은 척하지 말자. 솔직하게 나를 드러낼 때 개인적으로도 더 성장할 수 있다.

'셀프 칭찬'에는
왜 또 그렇게 야박했을까?

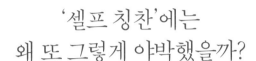

◇

그런데 참 이상한 게 있다. 그렇게 누군가의 인정을 받고 싶어하는 사람들도 누군가 대놓고 자신을 칭찬해주면 또 그걸 그렇게 어색해한다. 남들이 칭찬해주는 말을 믿으려 하지 않고, 심지어 의심의 눈초리를 보내기도 한다. 나도 여러 번 경험했다. "실력이 참 좋으시네요"라고 내 딴에는 진심으로 말해주면 노골적으로 이런 표정을 짓는 사람이 꼭 있다.

'그럴 리 없어요.'

'흥, 나에 대해 뭘 아신다고. 잘 알지도 못하면서….'

'나에 대해 자세히 알게 되면 그런 말은 절대 안 하실 걸요?'

칭찬을 인정하지 않는 건 선물로 명품 시계를 받았는데 그게 명품인지도 모르고 버리는 것과 같다. 문제는 이런 사람이 생각보다 많다는 것이다. 왜 우리는 그렇게 남들로부터 인정받고 칭찬받고 싶어 하면서도 자신의 특정한 능력이나 성과에 대한 진심 어린 칭찬은 잘 받아들이지 못할까? 왜 자신에 대해서는 그리도 인색할까? 남의 진심 어린 칭찬을 왜 귀담아듣지 않을까?

사실 그동안 살아오면서 똑똑하고 실력 있는 사람, 독특한 장점이나 매력을 가진 사람을 많이 만났다. 물론 그들이 완벽한 사람이라는 이야기는 아니다. 하지만 내가 보기엔 남들이 가지지 못한 뚜렷한 능력과 강점, 매력을 가진 사람이 정말 셀 수 없이 많았다.

안타까운 건 그중에서 자기 장점에 대해 잘 알고, 자부심을 가지고 적재적소에 활용하는 사람이 많지 않았다는 점이다. 충분한 능력과 장점을 가진 사람이 터무니없이 높고 까다로운 자기 기준, 엄격한 자기 검열 때문에 어떤 일이나 목표를 포기할 때마다 참 안타까웠다. 이런 식의 대화가 오간 적이 한두 번이 아니다.

"당신은 이런저런 걸 정말 잘하는데 왜 계속하지 않느냐? 계속해보시라."

이렇게 말해주면 아니라고 펄쩍 뛰는 것이다.

"아유, 당신이 몰라서 그래. 난 이것도 못하고 저것도 못하고… 체력도 약하고…."

이렇게 자신의 약점만 한바탕 늘어놓으며 뒷걸음치는 경우 말이다.

참 안타까운 일이다. 타인의 칭찬, 특히 진심 어린 칭찬(가끔 거짓 칭찬도 있다!), 의미 있는 칭찬(물론 모든 칭찬이 다 의미 있는 건 아니다!)을 귀담아듣지 않는 태도는 어설픈 겸손이며, 자신에 대한 과소평가가 아닐까 싶다.

우리 프로그램에 참여했던 T씨도 자신의 강점을 마음껏 뽐내고 홍보해야 하는 좋은 기회가 왔을 때, 스스로를 어떻게 설명하고 자랑해야 할지 몰라서 당황했던 기억에 대해 이렇게 썼다.

작년에 지인으로부터 모 전문대학에서 산학협력 강의를 할 사람을 뽑는다면서 이력서를 내보라는 연락을 받았다. 그런데 자기소개서에 쓸 말이 하나도 생각나지 않았다. 나를 어떻게 설명해야 하나? 내가 뭘 잘하고, 뭘 잘 가르칠 수 있다고 말해야 하나? 머릿속이 하얘졌다. 분명 20년 넘게 디자인 분야에서 열심히 일했는데, 무슨 일을 했다고 써야 할지 정리가 되지 않았다. 회사에서 시키는 대로 밤을 새가며 열심히 일했다는 말만 맴돌았다. 그때 당황스러웠던 기억이 충격으로 남아 있다. 이번에 자기 역사 쓰기를 해보려고 용기를 낸 이유도 바로 그 당황스럽고 씁쓸했던 기억 때문이었다.

우리 프로그램 참가자 중에서도 스스로를 칭찬하는 내용을 쓴 참가자는 많지 않았다. 어쩌면 자기 역사를 쓰려는 사람들이 평소에 자기 성찰에 능하고 자신에 대한 기준이 엄격하기 때문이 아닐까라는 생각도 들었다. 하지만 다음에 소개하는 F씨의 글에서 보는 것처럼 과거를 회상해보며 몰랐던 자신의 장점을 발견하고 스스로를 칭찬해보는 것은 자기 역사 쓰기의 의의를 높이는, 매우 가치 있는 일이라고 생각한다. 또한 현재 자신이 가진 강점의 근원이 어디에 있었는지, 언제부터 시작되었는지를 알아보는 것도 아주 의미 있는 일이다.

어린 시절 이야기는 쓸 게 많지 않다고 생각했다. 난 어렸을 때 내성적이고 소극적이고 눈에 띄지 않는 아이였다. (…) 초등학교 4학년인가, 일어나서 책을 읽으라는 선생님 말씀에 일어났는데 너무 떨려서 책을 읽지도 못하고 앉았던 기억도 있다. 그때부터 더 남들 앞에 나서는 걸 두려워했다. 어린 마음에도 내가 똑똑하거나 재능이 있는 아이는 아니구나 싶었다. (나중에 고등학교 때 성적이 올라서 꽤 괜찮은 대학에 가게 된 게 지금 생각해도 신기할 정도다.)

그런데 이번에 내 어린 시절의 기억을 더듬어보니 칭찬할 만한 일이 떠올랐다. 피아노 대회에 나갔던 일이다. 사실 난 피아노 치는 걸 좋아하지 않았다. 손목에 고무 지우개를 올려놓고 치라는 둥 손은 계란 쥔 모양을 하라는 둥의 주문이 너무 싫었다. 그래도 중간에 그만두지 않고 체르니 30번까지 배웠고, 작은 대회에 나가겠다는 용기를 냈다. 대회를 앞두고 정말 열심히 연습했다. 대회 날 엄청 떨리고 긴장했지만 무사히 연주를 마쳤을 때 어린 마음에도 내가 큰 용기를 냈구나, 뭔가 한 가지를 마무리했구나, 하는 생각에 처음으로 스스로를 칭찬하고 싶은 마음이 들었던 기억이 났다. 한 번 마음먹은 일은 잘하든 못하든 끝까지 해내는 근성이 이때부터 시작되었다는 걸 처음 느꼈다.

'인생의 장애물을 넘어간 시절, 열등감을 떠나보낸 이야기'라는 장제목으로 대학과 대학원 시절의 이야기를 쓴 G씨의 글도 인상적이었다. 그는 대학 시절 내내 공부와 담을 쌓고 신나게 놀다가 4학년 2학기 때 수강한 여성학에 꽂혀 대학원에 진학하게 되고, 지방대 출신이라는 열등감을 극복하기 위해 유학까지 가게 된 과정에 대해 생생하게 서술하였다. 1990년대의 대학 분위기를 보여주는 글 내용도 흥미롭다.

7, 80년대의 많은 희생으로 이루어진 '국가 주도 경제발전'의 결과가 일상의 풍요로움으로 달콤하게 체험되기 시작한 90년대의 대학 분위기는 80년대의 운동권이 주가 되던 그것과는 사뭇 달랐다. 대학연합의 이름부터 '전대협'이라는 과격한 이미지를 버리고 '21세기 학생진보연합' 등의 신선한 단어로 시대의 변화를 대신할 준비를 하고 있었다. 교정에 나붙어 있는 대자보의 손가락 깨물어서 쓴 것 같은 빨간색의 '투쟁' 같은 단어는 세련된 대학의 낭만을 찾는 여학생들에게 외면당하고 있었다. 나를 비롯한 많은 학생은 허름한 청바지에 기저귀 가방 같은 백팩 하나 메고 짜장면 배달 온 것처럼 자전거나 심지어는 오토바이를 타고 학교를 종횡무진하는 총학생회 멤버들

을 매우 못마땅하게 생각했다. 그 당시 내 인격 수준에 맞추어진 눈에는 정말이지 '요새 같은 세상에 보기 힘든 꼴불견'인 동시에 공장에서 금방 탈출한 듯한 그 패션은 그야말로 참아주기가 어려웠다.

그런 변화 속에서 여성들의 권리와 자유를 외치던 여성학은 단번에 내 마음을 사로잡았고, 남들은 6학점도 안 듣는 4학년 2학기에 18학점을 꽉 채워서 졸업 학점을 맞추느라 바빴던 와중에 실제로 유일하게 기억에 남는 과목은 '여성학개론'이었다. 여자들만 모여 앉아 있던 강의실에서 자극적인 다큐멘터리와 영화를 시청하고 침 튀기게 세상을 성토하는 일은 정말 꿀처럼 달콤하고 재미있는 것이었기 때문이다. 지금 생각해도 내 인생과 1000분의 1도 공통점이 없는 그 장면들에 왜 그렇게 열을 올렸는지 알 수 없다. 도대체 내가 뭘 한 게 있다고 세상이 불공평하다느니 정의롭지 못하다느니 하는 말들을 뱉어냈는지는 도무지 이해할 수 없지만, 그 어이없는 감정들이 나를 여성학의 문턱으로 이끈 것은 분명한 사실이다.

이렇게 여성학에 흥미를 느끼게 된 G씨는 대학원에 진학하여 본격적으로 여성학을 공부하기 시작했고, 이때 했던 공부가 계기가 되어 어학연수를 하고 유학까지 가면서 인생의 최대 전환기를 맞이하게 되었다고 한다.

동기(動機)마저도 이해할 수 없는 이끌림으로 시작한 여성학은 분명히 내가 생각하던 그런 것이 아니었다. 읽을수록 복잡한 이론들이 내 가슴에 돌을 한 개씩 얹어 놓았다. 너무 어려웠다. 4년 내내 소설책 한 권도 제대로 완독하지 않았던 나는 수많은 책과 논문으로 시달려야 했다. 게다가 여성학을 꼭 해야만 하는 인생들은 어찌 그리도 많은지 발표주제마다 여성학적인 삶의 이야기들은 쏟아져 나오는데, 나는 도무지 한 마디도 거들 말이 없었다. '난감 중의 난감'이었다. '열심히'까지는 어찌해보겠으나 없는 라이프 스토리를 만들어낼 수는 없는 노릇이었다. 사치와 음주가무에 익숙한 나를 처음부터 찝찝해하던 선배들은 내가 못마땅해서 미치겠다는 표정을 하루도 거르지 않고 '친절하게' 지어주었고, 나 자신도 왜 이 과에 들어왔는지 스스로에게 설득조차 할 수 없어서 괴로워하는 이해 못할 짓을 계속하고 있었다. 참으로 이상한 것은 얼마 지나지 않아 그만둘 법도 한데, 그런 생각은 한 번도 해보지 않았다는 사실이다. 사람들 말로 '뭐에 씐 듯이' 꼭 해야 한다는 생각만 붙들고 있었던 시간이었다.

4년이라는 시간의 노력은 실망스럽지 않았다. 나는 열심히 공부하는 학생으로 인정받을 수 있었고, 어려운 이론들을 비교적 잘 소화하는 제법 똑똑한 학생으로 인정도 받을 수 있었다. 학점도 만족스러웠고 재학 기간 중 10개 남짓한 전국의 여성학과 학생들과 함께하는 세미나와 워크숍들을 통해 다양한 경험도 할 수 있었다. 클럽이 아닌 도서관에서 '밤샘'을 해도 행복할 수 있는 세상이 있음을 알게 된 것은 내게 새로운 인생 경험이었다.

스무 살이 넘어 처음으로 열정을 다해서 열심히 해본 공부였다. 나는 논문을 마치고 내가 공부하는 것을 좋아할 수도 있다는 생각을 해보았다. 그리고 약간 어처구니없게도 내가 정말 공부를 잘할 수도 있다는 생각도 해보았다. 그러나 나에게는 넘어야 할 산이 있었다. 대학 4년 내내 즐거움과 사치스러움을 좇던 내 생각은 대학원에 와서 읽은 몇십 권의 사회과학 책으로 어느새 거만함으로 채워지고 있었다. 그리고 내가 넘어야 할 (또 다른) 산 하나는 도저히 '뽀대나지' 않는 내 지방대 이름이었다.

나름 어렵게 결심했던 유학이 한심스럽게 학력 컴플렉스 하나를 극복하려고 가는 바보 같은 짓이 아니기를 간절히 바랐다. 그렇게 시작된 유학생활은 생각보다 어려웠고 힘들었다.

G씨의 글은 힘든 유학생활을 무사히 마치고, 자신이 원하는 직업을 갖게 되는 이야기로 이어졌다. 결국 대학 졸업 직전에 '우연히' 수강한 여성학이 그의 인생을 완전히 바꿔놓은 셈인데, 그가 가지고 있던 잠재력과 능력, 열정, 인내심 등이 분출되는 기회였던 것이다.

안타깝게도 난 나를 믿지 못했다

◇

반면 U씨의 경우는 어렸을 때부터 그림에 상당한 재능이 있었는데도 너무 일찍 꿈과 희망을 포기해버린 것에 대한 안타까움, 다른 무엇보다도 자기 자신을 믿지 못한 것에 대한 후회와 반성을 글로 남겼다.

자기 역사를 쓸 때 삽화나 사진 등을 이용해도 좋다는 말을 들었을 때 갑자기 그림으로 그려볼까 하는 생각이 들었다. 오래 잊고 있었는데 난 만화가가 꿈이었다. 미대에 가야 하나 싶었지만, 이런저런 이유로 학원에 다니지 못하고 인문계 학과에 진학했다. 대학 졸업 후에 건설회사의 사무직으로 취업했는데, 매달 월급 받는 것 외에 뭐 이렇다 하게 재미 있는 일이 아니어서 월급날이 되면 명동이나 압구정 같은 데 가서 놀고 돈 쓰는 재미로 다녔다.

그때 같이 놀러 다니던 선배 언니가 있었는데, 그 언니의 생일날 내가 그린 그림을 선물했다. 언니는 내 그림을 보곤 깜짝 놀라면서 이제라도 그림 배우라고 미술학원 알아봐주고, 첫 달 학원비까지 내주었다. 학원에서도 칭찬을 많이 받았다. 원장님도 미대에 다시 가보라고, 아는 교수님께 추천서 써주겠다고 했다. 내 마음도 흔들렸다. 하지만 그때만 해도 나에 대해 정말 뭘 몰랐다. 엄마의 "그 나이에 미대 가서 뭐하냐? 배고프다. 그림은 취미로만 그려라"라는 한마디에 그냥 포기해버리고 말았다.

더 속상한 건 남편 때문이다. 남편을 처음 만난 게 미술학원에서였는데, 그때는 분명히 나보다 그림을 못 그렸다. 내가 가르쳐준 적도 여러 번이다. 그런데 지금 남편은 꽤 알려진 웹툰 작가이자 모 대학의 교수다. 그래서 가끔 배가 심하게 아프다. 그때 왜 포기했을까? 배고프다는 엄마의 말 한마디에 그렇게 무너지다니. 그림을 포기했다고 더 배부르게 산 것도 아닌데 말이다. 남편을 보면서 재능보다 중요한 게 자신을 믿는 것이라는 점을 깨닫는다. 안타깝게도 난 나를 믿지 못했다.

미국 갤럽에서 정의한 '재능'이란 '타고난 대응, 감각, 행동능력의 반복적 패턴으로 나도 모르게 자꾸 반복하고 자동적으로 행하는 일'이라고 한다. 재능은 이렇게 무의식적으로 사용되기 때문에 당연한 것으로 받아들이기 쉽다. 사실 우리 인간은 가진 것보다 가지지 못한 것, 결핍되어 있는 것에 초점을 맞추는 경향이 있다. 심지어 아인슈타인도 자신에 대해 이렇게 말했다고 한다.

"나에겐 특별한 재능이 없다. 단지 모든 것에 열렬한 호기심이 있을 뿐이다."

이런 점에서 재능보다 중요한 게 자신을 믿는 것이라고 쓴 U씨의 말에 100퍼센트 동의한다. 나에 대한 부정적인 생각의 파편을 치우고 내가 원하는 것에 대한 비전을 갖고 나 자신을 믿으며 앞으로 나아가는 것이 그렇게나 중요한 것이다.

자기 역사 쓰기를 통해 오래전에 들었던 칭찬이 있었던가, 그때 왜, 어떻게 그런 칭찬을 들었을까, 다시 기억해보라. 혹은 인생의 위기를 잘 넘긴 자신에 대해, 열등감을 극복한 자신에 대해 칭찬을 마음껏 퍼부어보기 바란다. 여성들의 칭찬 중독을 경고했던 배르벨 바르데츠키도 칭찬

그 자체는 매우 좋은 것이라고 주장했다. 그러니 타인의 칭찬이나 인정의 말에 기쁨을 느끼고 감사하라. 스스로 '칭찬 카드'를 만들어보는 것도 좋은 일이다.

반면에 자신의 약점과 한계에 대해서는 비웃어줄 수 있는 여유를 가지라고 말하고 싶다. 비판적인 말과 지적, 댓글, 정곡을 찌르는 비평, 가끔 무심한 듯 은근히 나를 찌르는 말, 진이 빠지도록 진심을 요구하는 사람들 때문에 잠 못 이루고 고민하는 건 어리석은 일이다. 그럴 가치도 없는 말을 곱씹으며 자기혐오에 빠지지 말자. 누가 당신을 비판하면 어깨를 으쓱하며 이렇게 말하는 게 좋겠다.

"그래, 당신 말도 맞아. 이런 나를 나도 좋아하는 건 아냐. 하지만, 뭐, 어쩔 수 없잖아?"

내 몸에 대해
너무 무심했다

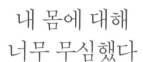

건강에 대한
무한긍정의 오류

◇

일반적으로 '긍정적'이라는 말은 좋은 의미로 쓰인다. 그래서 가능하면 모든 일을 긍정적으로 받아들이고 낙천적으로 인생을 바라보는 태도를 가질 필요가 있다. 하지만 무한긍정이 항상 바람직하거나 옳은 건 아니다. 무한긍정이 잘못 사용되면 어떤 문제에 대한 외면이나 회피로 이어지기 때문이다. 오십 전후에 무한긍정의 오류가 가장 두드러지게 나타나는 부분은 건강 문제가 아닐까 싶다. 우리 프로그램 참여자들을 보면서도 여러 번 확인했고, 볼 때마다 안타까웠다.

특히 높은 수준의 내적 목표를 가지고 있는 사람들 중에 신체적, 심리적 상태에 대해서 둔감한 경우가 생각보다 많은 것 같았다. 지치고 힘들어도 뭐든 열심히 해야 한다고 생각하면서 번아웃 신호를 무시하거나 모르는 척하면서 휴식을 취하지 않고, 심지어 약간의 비는 시간만 생겨도 또 다른 일을 찾는 등 잘못된 대응을 하는 경우가 꽤 많았다.

그동안 자신의 몸에 대해 너무 무심했다는 사실을 뒤늦게 깨닫고 안타까워하는 N씨가 쓴 글을 소개한다.

그동안 나이를 크게 의식하지 않고 살아왔다. 30대까지만 해도 외모 가꾸기를 열심히 한 편이지만 마흔이 넘으면서부터는 그것도 시들해졌다. 남들, 특히 남자들의 시선으로부터 자유로워졌다고 말하고 다녔지만 사실은 포기했다고 말하는 게 더 정확할 것이다. 그런데 40대 중반쯤 되니까 왜 그렇게 아픈 친구들이 많은지 이상했다. 친한 친구도 갑상선 암으로 수술받았고, 누구는 오십견으로, 누구는 관절염으로 고생하고 있었다. 그래도 난 결혼도 하지 않았으니까, 다른 친구들보다는 사는 게 한가해서 괜찮나보다 생각했다. 그런데 웬걸. 마흔다섯 살 때 생리가 불규칙해져서 드디어 갱년기가 오나 보다 했는데, 하혈을 자주 하기 시작했다. 산부인과에서는 스트레스 때문인 것 같다며 쉬엄쉬엄 일하라고 했다. 그런데 너무 바빠서 쉴 형편이 아니었다. 결국 배가 너무 아파서 대학병원 응급실로 갔더니 자궁근종이 너무 심해서 자궁을 들어내는 수술을 받아야 한다고 했다. (…)

수술을 한 후에 몇십 년 만에 처음으로 쉬었다. 쉬다 보니 평소에 하지 않던 생각이 많이 떠올랐다. '앞으로도 지금처럼 살아도 될까?' '죽기 전에 하고 싶은 일은 무엇인가?' 등등…. 그때 그런 생각을 해본 덕분에 돈은 좀 덜 벌지만 내 시간을 가질 수 있는 직장으로 이직했고, 소설 같은 걸 써보려고 인터넷 강의도 들으며 노력했다.

그런데 몸이 자꾸 뚱뚱해졌다. 그 와중에 어머니가 심근경색으로 쓰러졌고 병간호를 하던 아버지마저 치매 초기 증세를 보이면서 너무 힘든 시간을 보냈다. (…) 정말 몸도 마음도 힘들었다. 친구들과 동료들이 나보다 더 나를 걱정했다. 자기 몸도 못 가누는 주제에 부모님 모시는 걸 왜 혼자 떠맡느냐, 운동해라,

명상 같은 거 해라, 추진력이 아무리 좋아도 체력 없으면 다 끝난다, 만나기만 하면 잔소리를 해댔다.

그런데도 난 내 몸을 돌보지 않았다. 결국 부모님 두 분 모두 요양병원에 입원하시고 난 후에 하도 몸이 안 좋길래 종합검진을 받아보니 위암 초기라는 진단을 받았다. 그뿐만이 아니었다. 온몸에 성인병이 진행되고 있었다. 무릎 관절염도 진행되고 있었다. 담당의사 보기가 창피하고 민망할 지경이었다. 수술 날짜 잡는 와중에도 회사 일 마감 걱정을 하는 나를 이상하다는 듯이 쳐다보는 간호사를 보면서 정신이 번쩍 들었다. 내가 생각해도 내가 한심했다.

지금 생각해도 왜 그렇게까지 어리석었는지, 도대체 무슨 배짱으로 그렇게 몸을 돌보지 않고 병을 키웠는지. 왜 몸을 극도로 무시하고 머리만 굴렸는지 이해가 가지 않는다. 친구들은 아파도 난 괜찮을 줄 알았던 모양이다. 시간도 없고 좋아하지도 않는데 왜 억지로 운동해야 하냐며 고집을 부렸던 내가 원망스럽다. 생전 처음으로 빨리 죽을 수도 있다는 생각을 해봤다. 몸이 안 좋으니까 일하는 것도 시들하고, 소설이든 뭐든 뭔가를 쓰거나 남기고 싶다는 생각도 모두 부질없이 느껴진다.

L씨 또한 유방암 수술을 받은 후에야 자신의 몸이 왜 이렇게 되었을까, 돌아보는 시간을 가졌다고 했고, 자신의 몸에 문제가 있다는 걸 알고 있으면서도 덮어버렸던 걸 후회하는 내용의 글을 썼다.

사실. 암 진단을 받기 전부터 이미 난 내 몸이 고장 나고 있다는 사실을 알고 있었다. 그런데 모른 척했다. 병원 가서 안 좋은 소리를 듣는 게 싫고 두려웠다. 그래서 회사 일이 바쁘다. 아이들 문제로 정신이 없다, 시어머니 '병수발'이 먼저다라는 핑계를 대며 병원에 가지 않았고, 뭔가 불길한 마음을 덮어버리려고 했다. 그래도 그 불길했던 마음이 유방암 3기라는 무서운 현실로 돌아올 줄은 미처 몰랐다.

이해는 한다. 4, 50대는 직장에서나 가정에서나 한창 바쁜 때다. 그래서 건강관리를 하기 힘든 시기이다. 그러나 몸은 한가해질 때까지 기다려주지 않는다. 생물학적 노화는 성장이 멈춘 그때부터 이미 시작되고, 관리를 잘하지 않으면 각종 성인병에도 취약해진다. 즉 몸은 분명히 변하고 있다. 그런데도 노화나 몸의 이상 징후를 진지하게 받아들이지 못하고, 사회적으로도 '한창나이라 힘들다. 더 버텨야 한다'라는 압박에 굴복하다 보니 건강이 나빠지는 것이다.

정신력으로
몸을 이길 수 있다고?

◇

오십 전후의 사람들이 가지기 쉬운 오류 중의 하나가 '정신력으로 몸을 이길 수 있다'는 헛된 믿음이다. 우리 프로그램 참가자 중에도 그동안 정신력만 믿었다가 몸이 망가졌다면서 후회하는 사람들이 꽤 있었다. 몸의 중요성에 대해 뒤늦게 깨달았다는 내용도 많았는데, 특히 M씨는 심지어 취향마저도 마음보다는 몸의 문제이며, 몸이 마음보다 솔직하다는 걸 알게 되었다는, 흥미로운 내용의 글을 써서 발표했다.

전에는 마음이 몸보다 백배는 더 중요한 줄 알았다. 마음만 있으면 몸은 그냥 따라오는 줄 알았다. 그런데 언제부턴가 마음으로는 간절히 원하는데 몸이 거부하는 경우가 늘고 있었다. 심지어 취향도 그랬다. 전에는 누구를 좋아하거나 무언가를 좋아하는 취향의 문제가 당연히 마음의 문제라고 생각했었다. 그런데 언제부턴가 아, 그것도 결국은 몸의 문제구나, 하는 깨달음이 오기 시작했다.

몇 년 전에 객관적인 조건이 꽤 좋은 남자를 만나고 있을 때였다. 만남이 이어지면서 그 남자가 어린애

같고 자기중심적이라는 걸 느꼈지만, 그냥 너그럽게 넘어가려고 했다. 오십이 가까운 '돌싱'인 주제에 사랑이고 뭐고, 뭘 따질까 싶어서 웬만하면 맞춰야지, 결혼까지도 할 수 있으면 해야지 생각했다. 그런데 비장한 마음과는 달리, 몸이 거부반응을 보이기 시작했다. 이상했다. 마음으로는 맞춰주고 싶고 잘해보고 싶은데 그 사람만 만나면 속이 메스껍고 어지럽고 뒤집혔다. 그러니 관계가 잘될 리 없었다. 그때 알았다. 몸이란 게 마음보다 더 솔직하다는 걸. 정신력으로 몸을 이길 수는 없다는 걸.

뇌과학이 발달하지 않은 20세기까지만 해도 정신과 신체는 별개라는 생각이 지배적이었다. 과학자들은 뇌를 추론과 계산, 기억, 그리고 언어를 처리하는 대단히 복잡한 기능을 가진 소형 컴퓨터 정도로 생각했고, 감정은 비과학적인 것이라고 여겼다고 한다. 그러나 1996년에 데이비슨(Richard J. Davidson)과 신경과학자들이 불안감을 주는 사진만으로도 인간의 편도체에 반응을 일으킬 수 있다는 것을 증명하는 연구 결과를 발표함으로써 수백 년간 이어져 온 정신과 신체의 이원주의는 사라진다. 데이비슨은 사람들이 화를 내거나 당황하거나 우울해지면 그 영역의 신경 회로들이 특별히 바쁘게 활동한다는 것, 부정적인 감정이

나 스트레스는 오른쪽 전두엽 피질을 활성화시키며, 기쁨과 의욕의 감정은 왼쪽 전두엽 피질의 회로들을 활성화시킨다는 것을 발견했다.

공포를 느낄 때 신체적 반응이 먼저 일어나고 그다음에 정서적 반응이 일어난다는 '제임스-랑게 이론'도 있다, 이 이론에 따르면 곰을 만났을 때 인체의 자율신경계는 심장 박동이 늘어나고 호흡이 빨라지며 땀이 나는 식의 즉각적인 생리적 반응을 보이는데, 이는 자율신경계가 몸이 도망치기 좋은 최적의 상태가 되도록 만들기 때문이라고 한다. 몸의 이런 반응이 먼저 일어난 후에 비로소 공포라는 정서를 경험하게 된다는 것이다.

《너를 읽다》의 저자 프레데리케 파브리티우스도 '강인한 정신력'이라는 개념에 대해 회의적인 결론을 내리고 있다. 그는 인간이 강인한 정신력만 믿고 어떤 결심을 하거나 계획을 세우는 건 겉으론 멋있어 보이지만 몸의 중요성을 간과한, 매우 비효율적이고 실패할 수밖에 없는 시도라고 주장한다. 즉 강인한 정신력만 가지고 무엇을 하거나 건강을 지키려고 하는 건 한마디로 자동차에 기름을 한 통만채우고 미국 대륙을 횡단하겠다고 결심하는 것과 다름없다는 것이다.

그러므로 건강에 관한 한, 당신이 아무리 낙관주의자라 할지라도 '괜찮을 거야' '다 잘될 거야'라고 말하지 말아야 한다. '정신력이 몸보다 더 중요하다'거나 '정신력으로 버틸 수 있다'는 식으로 몸과 정신력, 혹은 몸과 마음을 별개로 생각하는 것도 뇌과학이 발달하지 않았던 20세기식 사고방식이라는 점을 기억하자.

당신은 A형 타입인가?

◇

다음은 매사에 적극적이고 열심이며, 직장에서도 승승장구하던 K씨가 40대 후반에 부정맥이라는 진단을 받고 힘들었던 이야기, 상담을 통해 자신이 'A형 타입'이라는 것을 알게 된 것에 대해 쓰고 발표한 내용이다.

나는 열심히 살지 않으면 불안한, 그런 유형의 사람이다. 20대 중반에 취업한 후부터 일도 열심히 하고, 여행도 많이 다니고, 사람들도 많이 만나는 그런 삶을 추구해왔다. 30대까지만 해도 주변 사람들이 모두 나를 좋아했다. 특히 직장 동료들한테 인기가 있었다. 남들이 하기 싫어하는 일도 내가 도맡아 했기 때문이다. 덕분에 승진도 빨랐다.

그런데 마흔이 넘으면서부터 직장 사람들, 특히 후배

들이 나와 함께 일하는 걸 꺼려하면서 나를 슬슬 피하기 시작했다. 신경이 쓰였지만 '내가 잘나가니까 질투하나?' 무심하게 받아들였다. 그런데 몇 년 전부터 갑자기 가슴이 뛰는 증상이 생겼다. 병원에 갔더니 부정맥이라서 시술을 받아야 한다고 했다. 당장 할 일이 많은데 심장이 협조해주지 않는구나 싶어서 화가 났다. 그동안 승승장구하던 직장에서 어쩔 수 없이 뒤처지게 됐다는 느낌 때문에 괴로웠다.

그 무렵 지인으로부터 심리상담을 받아보는 것이 좋겠다는 권유를 받았다. 상담을 받는 과정에서 마흔 무렵부터 동료들이 나를 왜 피했는지 알 수 있었다. 나는 전형적인 A형 타입이었다. 그동안 나도 모르게 경쟁적이고 공격적인 성격으로 변해 있었고, 성격도 급해져서 매사에 기다리는 것을 싫어하고 남의 말을 듣고 있는 게 답답해서 뚝뚝 끊어버린 적이 많았다. 그런데도 난 스스로 성취동기가 높고 추진력 있는 사람이라고 굳게 믿고 있었던 것이다.

요즘 난 고민이 많다. 돈을 더 벌어야 하나? 아니면 건강부터 챙겨야 하나? 두 가지 다 포기할 수 없기에 고민이 된다. 의사 선생님은 일하는 속도를 줄이고 쉬면서 일하라고 하는데, 그게 그리 쉬운 일인가? 걱정이다.

K씨가 말한 'A형 타입'은 심장전문의 프리드만(M. Friedman)과 로젠만(R. Rosenman)이 심장병 환자들의 공통적인 성격을 규정하고 명명한 성격 유형이다. 사실 A형 타입은 부지런하고 일도 열심히 하고 추진력이 있기 때문에 자신의 분야에서 뛰어난 성취를 거두기 쉽다고 한다. 스스로 선택한 행동 목표를 달성하기 위해 온 힘을 기울이기도 하고, 주위 사람들에게 인정받고 싶다는 욕구가 크며, 많은 일에 손을 대고 그것을 다 해치우려고 서두르는 특징을 가진다. 성취 욕구와 추진력이 강한 만큼 남을 이기겠다는 경쟁심도 크다.

문제는 이 성격 유형을 가진 사람일수록 나이가 들어감에 따라 건강이 나빠질 가능성이 높고, 특히 심장에 이상이 올 가능성이 크다고 한다. 그래서 프리드만과 로젠만은 A형 타입의 사람들에게 다음과 같은 처방을 제안했다. 동시에 여러 가지를 생각하는 습관을 고치고, 한 번에 한 가지만 생각하라. 남의 반응을 받아들이는 데 시간을 많이 할애하고, 자기 생각과 다른 의견에도 그의 이야기를 끝까지 경청하라. 집중력이 필요한 책을 읽으면서 서두르는 습관을 고치라. 집안에 은밀한 장소를 만들어두고 조용히 앉아 쉬면서 자신과 만나는 시간을 가지라. 여행이나 휴가 계획을 잡아서 심리적, 신체적 페이스를 조절하라. 오전 시간을 천천히 보내고 점심시간에는 책상 위의 일거리를 완전히 치워버리라. 일거리를 보는 순간 가슴이 두근거리며 서두르게 되는 걸 피하기 위해서다.

'의도적 외면'은 노! '의도적 바라보기'가 필요

◇

건강은 '의도적으로 외면하기'가 아니라 '의도적으로 바라보기'를 해야 하는 가장 중요한 주제이다. 마거릿 헤퍼넌은《의도적으로 외면하기》라는 책에서 뇌과학의 연구 성과를 동원해 인간에게 위기가 반복되는 이유를 밝힌 바 있다. 즉 인간이 잘못된 선택을 반복하는 이유는 우리의 뇌가 '의도적 외면'을 통해 나를 불편하게 만드는 정보는 차단하고, 나를 편안하게 만드는 정보만 수용하는 경향이 있기 때문이라고 한다. 더 심각한 건 나와 비슷한 생각을 가진 사람들을 통해 고정관념과 편견을 더욱 공고히 하면서 위기에 대한 경고가 안팎에서 울려도 듣지 않는다는 점이다. 그러다가 어느 날 '꽝' 하는 폭발음이 들릴 때에야 비로소 위기를 실감한다는 것이다.

그렇다면 뇌가 이렇게까지 불편한 진실을 외면하는 이유는 무엇일까? 이에 대해 헤퍼넌은 뇌가 게으르기도 하고 뇌의 인지능력에는 한계가 있기 때문이라고 설명한다.

뇌는 평소에 자신이 생각하고 있는 내용과 같은 정보가 들어오면 쉽게 받아들인다. 그 정보를 의심하거나 비판할 필요가 없기 때문이다. 하지만 평소의 생각과 다른 정보가 들어오면 피곤해하고 혼란스러워한다. 이때 뇌는 독재자 기질을 발휘하면서 마음에 들지 않는 정보를 무시하고 배척하는 것이다. 특히 과로나 수면 부족 상태에서는 더더욱 비판적인 사고가 제대로 작동하지 못하고, 뇌는 특정한 정보만 수용한 뒤 맹목적인 믿음으로 연결될 가능성이 높다고 한다.

그러므로 건강에 관한 한, 당신이 아무리 낙관주의자라 할지라도 '괜찮겠지' '다 잘될 거야'라고 말하지 말자. 현실을 외면하거나 미래를 장밋빛으로만 바라보지 말자. 몸이 작은 신호를 보내거나 통증이 왔을 때 주의를 기울이자. 통증은 우리 몸에 이상이 생겼음을 알려주는 신호이다. 때로는 고통이 더 큰 위험을 막아주는 역할을 한다는 것도 잊지 말자.

자신의 몸과 마음을 유심히 관찰하라. 내 몸이 하는 이야기에 예민하게 귀를 기울이라. 병원에 가서 통증에 대해 말하기 위해서는 스스로 몸의 변화나 상태를 정확하게, 민감하게 느끼는 게 중요하다. 몸의 문제를 인식하고 정확하게 느껴야 자기 몸을 주도적으로 관리할 수 있다. 자신과 다른 생각을 가진 사람들의 이야기에도 귀를 기울이고, 특히 건강을 염려해주는 사람들, 친구, 동료들의 말에도 귀를 기울이라.

　　마지막으로 30대 초반부터 15년 이상 여성단체에서 일했다는 V씨가 건강을 지키기 위해 노력한 이야기를 소개한다.

　　사람들은 내 명함과 직함만 보고도 짧은 머리, 청바지, 화장기 없는 얼굴, 두루뭉술한 몸매 등의 이미지부터 떠올리는 것 같았다. 난 그런 정형화된 모습으로 보이고 싶지 않아서 가끔 여성스러운 스타일의 옷도 입고 다녔다.

　　외모보다 더 신경 쓰는 건 건강이다. 여성운동 하는 선배나 동료 중에 체력이나 나이를 생각하지 않고 전력투구하며 몸을 혹사하다가 건강 망치고 나서 기가 팍 꺾이고 우울해하고 일까지 포기하는 경우를 보면서 체력 관리를 하기 시작했다. 특히 이쪽 일을 하다 보면 지루하고 험난한 싸움을 해야 하는 경우도 많기 때문에 체력이 정말 중요하다. 가능하면 패스트푸드 같은 건 피했고, 마흔다섯 살부터 수영을 시작했다. 국가건강검진을 꼬박꼬박 받는 건 물론이고 매년 생일이 있는 달에 내과, 치과, 안과에 각각 가서 검진을 받는 식으로 신경을 쓰고 있다. 특히 눈이 나빠지지 않도록 TV나 스마트폰 보는 걸 최소화하고 있다. 내

가 하는 일에는 정년도 없으므로 여든이 넘어도 일을
계속하고 싶다. 그러려면 스스로 건강을 지키고 나를
가꿔야 한다고 생각한다.

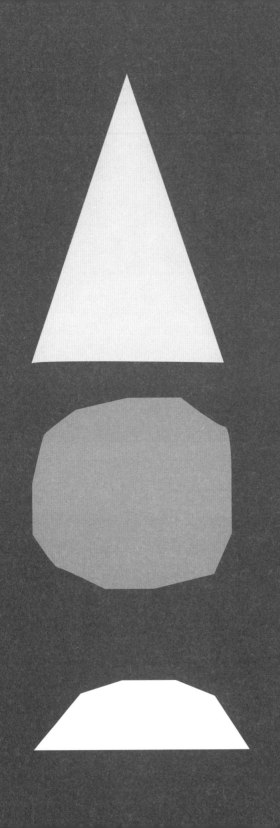

울고 있는 50세 아이:
상처에 또 상처,
마음이 닫아버린
것들에 대하여

3장.

자기 역사를 쓰는 작업은 굳게 닫힌 내면의 어두운 지하 공간에 맑은 공기를 들여보냄으로써 상처를 치유할 수 있게 해주는 일이다. 그런데 상처를 치유하려면 먼저 상처가 드러나야 한다. 보기만 해도 역겹고 징그러워서 외면하기 바빴던 상처를 들여다보며, 그 상처에 대해 자세히 이야기할 수 있어야 한다. 그 상처가 오래되어 딱지가 앉은 것이든, 혹은 새것이든 간에.

이 장에서는 그동안 우리 프로그램에 참여한 사람들이 자기 역사를 쓰기 위해 과거를 돌아보는 과정에서 드러난 상처에 관한 이야기, 혹은 아직도 진행 중인 아픈 이야기, 그리고 치유에 관한 다양한 이야기를 다루고 있다. 아울러 심리학을 비롯한 다양한 학문, 특히 최근의 뇌과학에서 연구되고 해결책으로 제시된 내용도 함께 다룸으로써 비슷한 고민을 안고 있는 독자들에게도 도움이 되도록 기술하였다.

　사실 우리 프로그램에 참여한 이들은 객관적으로 볼때 상당히 성공적인 삶을 살아온 경우가 많았다. 그럼에도 불구하고 자기 역사를 쓰는 과정에서 (오랫동안 가슴 속에 묻어둔) 아픈 상처의 이야기를 꺼내는 경우가 많았는데, 그건 더 늦기 전에 이 흔치 않은 기회를 통해 오랫동안 가슴속에 묻어 두었던 울고 있는 아이의 존재를 인정하고 직면해야 한다는 의지가 작용했기 때문이라고 생각한다. 힘들고 괴로워도 "괜찮아"를 연발하며 웃으려고 노력하던 사람들이 '내가 정말 괜찮은가?' '내가 정말 행복한가?'라는 의문을 제기해보고, 상처로 인해 마음이 닫아버린 이야기들에 관해 쓰는 걸 지켜보는 과정은 감동 그 자체였다.

　역사 쓰기를 통해 가슴속에 깊이 묻어 두었던 아픈 이야기를 끄집어내어 직면하고, 실패와 아픔의 기억을 솔직하게 드러낸 이들의 용기에 다시 한번 경의를 표하며, 이 과정을 통해 얻게 되었을 치유의 감정, 자유로움과 해방감 같은 긍정적인 자취가 오래 간직되기를 기대한다.

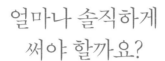

얼마나 솔직하게
써야 할까요?

솔직함도
전염된다

"얼마나 솔직하게 써야 할까요?"

자기 역사를 쓰는 사람들로부터 자주 받는 질문이다. 사실 정답은 없다. 솔직하면 할수록 좋다는 걸 누가 모르겠는가. 질문하는 사람도 잘 알고 있다. 하지만 가슴 속에 숨겨 둔 이야기를 말로 하는 것도 아니고 글로 쓰는 데는 상당한 용기가 필요하다. 그래서 자신의 과거 이야기를 쓰다 보면 얼마나 솔직해야 하는지, 어떻게 수위 조절을 해야 하는지 헷갈릴 때가 있기 마련이다. 남이 보지 않는 일기를 쓸 때도 부끄러운 이야기는 감추고 싶어지는데, 약간이지만 다른 사람을 의식해야 하는 자기 역사 쓰기 프로그램의 경우 100퍼센트 진실만을 이야기하고 모든 것을 있는 그대로 솔직하게 쓰기란 쉽지 않은 일이다.

나는 솔직한 것도 중요하지만 비밀 유지에 관한 개인의 권리도 중요하다고 생각하는 편이다. 즉 비렌(J. E. Birren)과 더치맨(D. E. Deutchman)이 자신의 과거에 대해 쓸 때 누구나 가지고 있는 실패와 아픔, 혹은 극히 개인적이거나 고통스러운 기억과 결부된 감정은 100퍼센트 공유하지 않아도 된다는 뜻에서 '개인적인 권리 보호'의 개념을 주장했는데, 나도 여기에 동의한다. 최근 심리학에서 거론되는 '거기까지는 가지 않아도 좋은 이야기는 구태여 들춰낼 필요가 없다'는 주장에 대해서도 뜻을 같이한다.

그래서 '솔직함'도 중요하지만, 우리 프로그램의 전체 분위기가 타인의 불행에 호기심을 보이거나 본인이 밝히고 싶지 않은 부분을 지나치게 자세히 파고들거나 혹은 평가나 비판, 섣부른 해결책을 제시하는 쪽으로 흐르지 않아야 한다는 점을 강조했고, 그런 분위기를 만들기 위해 각별한 주의를 기울였다.

그리고 역사 쓰기 과정에서 공유된 개인적 내용은 절대 외부로 노출되거나 확대되어서는 안 된다는 '비밀 보장'의 원칙을 강조했다. 비밀이 보장된다는 전제가 없다면 진정한 자기 개방이 불가능하고 마음을 솔직하게 열기가 힘들기 때문이다. 비밀과 익명성이 보장된다는 안정감과 믿음이 있어야 몸으로 체득한 진실을 있는 그대로 쓸 수 있다고 생각한다.

어쨌든 처음에는 "너무 적나라한 이야기는 쓸 자신이 없다" "쓸 수 있을 만큼만 쓰겠다" "그래서 내 글은 발표하지 못할 것 같다"고 망설이고 방어적인 태도를 보이던 참가자가 시간이 갈수록 "이런 이야기까지는… 쓰지 않을 생각이었는데… 고민하다가 그래도 쓰는 게 낫겠다고 생각했다" "이 이야기는 생전 처음 공개하는 거다. 그런데 쓰고 나니까 속이 다 시원하다"라면서 자기 이야기를 솔직하고도 거침없이 쏟아내고 담담하게 발표할 때마다 신기한 마음이 들 정도였다.

더 흥미로운 건 어떤 한 명이 자신의 이야기를 솔직하게 써서 발표하면 그 진솔함이 다른 사람들에게도 전염된다는 점이다. 처음에는 '어디까지 써야 해? 얼마나 솔직해야 하나?' 눈치를 보던 참가자도 다른 누군가의 솔직한 이야기에 놀라고 감동을 받은 후로는 자신도 솔직한 이야기를 쓰기 시작했다. 그러다 보면 결국 전체적인 분위기가

다 같이 솔직해지는 쪽으로 바뀌는 경험을 여러 번 했다.

물론 때로는 모르는 사람들 사이에서 더 큰 편안함과 자유로움을 느끼고 그래서 더 솔직해질 수 있는 것도 사실이다. 나를 잘 아는 사람들 속에서는 오히려 나를 있는 그대로 노출하기가 어렵고, 그래서 나의 경험을 미화하거나 포장하기 쉽다.

아래 소개하는 H씨의 글은 자신의 아픈 이야기를 털어놓고 싶어서 이 프로그램에 참여했지만 막상 쓰려니까 얼마나 솔직하게 쓸 수 있을까의 문제로 고민하게 된 것, 그런 와중에 다른 참가자들의 솔직함에 놀라고 자극받은 상황을 잘 보여주고 있다.

이번에 역사 쓰기에 도전한 이유는 단 한 가지, 나의 상처투성이 마음을 하소연하기 위한 것이었다. 사실 그동안 내 하소연을 끝도 없이 잘 들어주던 베프가 있었다. 난 수시로 전화하거나 만나서 그 친구에게 내 속을 털어놓았다. 그런데 몇 달 전에 그 친구가 화를 폭발했다.

"야, 이제 제발 그만해. 넌 어쩌면 그렇게 수십 년간 똑같은 소리를 하니? 정말 질린다 질려."

그렇게 착하고 순하고 내 말을 잘 들어주던 친구가 소리를 빽빽 지르며 화내는 걸 보고 처음엔 친구가 미친 줄 알았다. 그런데 가만히 생각해보니까 내가 미친 것이었다. 20년이 넘게 시도 때도 없이 친구를 붙잡고 몇 시간이고 하소연하고, 울고불고했으니…. 친구가 "이젠 달라질 때도 되지 않았니? 내가 왜 그런 이야기를 끝도 없이 들어줘야 해?"라면서 분개하는 것도 당연했다. 내가 생각해도 할 말이 없었고, 정신이 번쩍 들었다.

친구에게 진심으로 사과하고, 다시는 친구를 내 감정의 쓰레기통으로 이용하지 않겠다고 결심했다. 문제는 그러고 나니 내 속을 털어낼 상대가 없어졌다는 점이다. 그동안은 말로 내 한과 상처를 풀 수 있었는데 그럴 수가 없었다. 그래서 할 수 없이 노트를 펴놓고 글을 쓰기 시작했다. 그리고 지인의 소개로 역사 쓰기 반에까지 들어오게 되었다.

H씨는 역사 쓰기를 마무리 짓기에 앞서 참가자들에게 꼭 해주고 싶은 이야기가 있었다면서 다음과 같은 내용을 발표했다.

솔직히 여기서 만난 사람들 때문에 많이 놀랐다. 처음에는 가식 아닌가, 의심했을 정도다. 발표하는 내용도 놀라웠다. 나만 불행한 줄 알았는데, 나하고는 차원이 다른 불행을 겪은 이도 많았다. 어린 시절 이야기도 그랬다. 난 우리 집만 가난하고 지지리 궁상이고 복잡한 줄 알았는데, 그게 아니었다. 나보다 열 배는 더 아픈 이야기가 많았다. 정말 들으면서 울컥해질 때가 한두 번이 아니었다. 그런데도 부모 탓, 남 탓, 환경 탓하지 않고 열심히 살아온 이야기를 들을 때면 부끄럽기도 하고 미안하기도 했다. 내가 그동안 내 문제에 갇혀서 세상모르고 살았구나 싶었다.

가장 놀라운 건 그토록 아픈 이야기를 어떻게 그렇게 솔직하게 털어놓을 수 있는가 하는 점이었다. 그들의 솔직한 태도를 보면서 정말 큰 위로를 받았다. 그건 '내가 제일 불행한 줄 알았는데, 그게 아니었네'라는 안도감 때문만은 아니다. 그들이 존경스러웠다. 그동안 난 사람들을 볼 때마다 자꾸 비교하고, 그러다 보니 시기 질투하게 되고… 복잡한 심리 속에서 허우적댔는데, 저렇게 힘든 환경에서도 자기 이야기를 솔직하게 털어놓을 수 있는 건 자존감이 높기 때문이라는 생각도 들었다. 감탄과 존경심이 절로 생겼다.

H씨는 '이 과정을 함께 한 여러분에게 드리는 글'도 낭독했다. 솔직하고 힘 있고 용기 있는 사람들을 만나서 행복했다는 걸 꼭 고백하고 싶다는 내용이었다. 그의 발표를

들던 참가자들도 큰 감동과 감사의 마음을 느꼈고, 곧이어 서로에게 보내는 공감과 위로와 응원의 박수가 이어졌다. 사실 대부분 처음 만나는 참가자들이 그렇게 솔직하게 자신의 마음속 이야기를 공유해주지 않았다면 이 프로그램을 계속하기는 힘들었을 것이다.

자신의 그림자를 드러내는 용기

◇

앞에서도 얘기했듯이 자기 역사를 쓰는 작업은 굳게 닫힌 내면의 어두운 지하 공간에 맑은 공기를 들여보냄으로써 상처를 치료할 수 있게 해주는 일이다. 문제는 상처를 치료하기 위해서는 먼저 상처가 드러나야 한다는 점이다. 그리고 상처를 솔직하게 드러냄으로써 가장 큰 보상을 받는 사람은 역시 자기 자신이다. 이건 자신의 이야기를 솔직하게 쓰고 발표한 참가자들의 얼굴만 봐도 알 수 있는 일이다. 오래전부터 마음 한편에 숨겨 두었던 크고 작은 상처를 끄집어내 객관적으로 바라보며 담담히 써 내려가던 과정, 그리고 자신의 아픈 곳을 다른 사람들 앞에서 털어낸 사람들의 얼굴에 감돌던 환한 빛은 이제야 그 지긋지긋한 상처로부터 완전히 벗어났고, 그걸 대외적으로도 인정받았다는 후련한 감정을 보여주기에 충분했다.

　　자기 글을 읽으면서 감정이 북받쳐 올라 눈물을 흘리는 경우도 많았는데, 이럴 때면 다른 사람들도 숙연해지거나 같이 눈물을 흘리기도 했다. 이때 여럿이 같이 흘리는 눈물에는 여러 가지 의미가 들어 있었다. 그의 이야기가 유난히 슬프고 비극적으로 느껴졌기 때문이기도 했고, 힘든 세월을 보낸 사람에 대한 동정심과 연민의 눈물이기도 했다. 혹은 인생의 실패와 아픔을 피해갈 수 있는 사람은 하나도 없다는 사실을 확인하고 공감했기 때문일 수도 있다.

　　하지만 때로는 솔직하게 자기 이야기를 털어놓는 그 사람이 너무 대단해 보여서 눈물이 난 적도 많았다. 그토록 아픈 이야기를 있는 그대로 복원해 낸 그 내면의 치열함이 느껴져서, 그가 가졌을 진실하지만 고독했을 시간이 떠올라서, 고통의 한가운데를 꿋꿋하게 통과하는 그의 묵직한 저력 때문에 눈물이 날 때가 많았다. 아픈 이야기를 쓰고 나서 내면이 강해질 수도 있지만, 내면이 강하기 때문에 그런 이야기도 쓸 수 있구나, 역시 사람은 고난, 슬픔, 실패에 직면해야 더 성숙해지고 강해지는구나 실감한 적도 많았다.

　　다음은 Y씨가 쓴 아버지에 관한 글이다. Y씨는 아버지에 관한 글을 A4 용지 5매 정도의 길이로 최대한 담백하게, 미화하거나 과장하거나 비판하지 않고 객관성을 유지하면서 썼다. 하지만 그가 아버지의 이야기를 담담한 표정으로 다 읽고 났을 때 참가자들은 한참 동안 아무 말도 하지 못했다. 그가 쓴 글에서 인명, 지명 등의 사적인 부분은 제외하고, 약간의 내용만 중략 처리해 소개한다.

내가 스물다섯 되던 해 10월 19일 아버지는 세상을 등지고 훨훨 날아가셨다. 1933년생인 아버지는 부잣집의 큰아들로 그 시대 선택받은 사람으로서 많은 혜택을 누리고 살았지만 그렇게 쓸쓸히 세상을 당신 손으로 마감하셨다.

결혼하기 전에 내가 큰언니와 함께 살고 있을 때, 큰언니 집 안방에서 아버지는 스스로 생을 마감한 것이었다. 낮 근무 중이던 나는 그 모습을 보지 못했지만, 임신한 큰언니와 형부가 발견하고 당시 내가 근무하던 병원은 안 된다고 판단하여 다른 대학병원으로 모시고 갔다. 하지만 아버지는 끝내 의식을 찾지 못하였다.

아버지의 장례는 객사하면 집에 들일 수 없다는 시골 풍습에 따라 동네 들어가는 길목의 당산나무와 동네 사이의 논에 천막을 치고 치뤄졌다. 동네 청년들과 지인들이 맨 화려한 상여를 타고 집을 돌고, 동네를 돌고, 동네에서 나오는 긴 길을 따라 장터를 돌아가셨다. 구슬픈 상여 소리와 바람에 휘날리던 만장

속에서 상여는 몇 번이나 멈추다 가고 멈추다 가고를 되풀이하면서 떠나갔다. 외아들 하나만을 보고 사셨던 할머니와 새어머니의 눈물 속에, 그리고 자식들의 눈물 속에 아버지는 하늘나라로 가셨다. 그리고 우리 동네가 마주 보이는 야산에 묻히셨다. 오빠마저 돌아가신 후 아버지 산소는 항상 내 마음에 해결해야 할 과제로 남아 있었다.

아버지는 당시 대학교도 졸업했으나 특별한 직장 없이 시골에서 사셨다. 마을 앞 밭과 논이 대부분 우리 것이었다고 하니 다른 직장을 구할 필요가 없었을지도 모르겠다. 교사나 교수를 할 기회도 있었으나 하지 않았다. 할아버지가 운영하시던 주조장을 물려받을 생각을 하셨던 것 같다. 그러나 할아버지는 둘째 할머니에게서 태어난 삼촌에게 물려준다는 유언을 남기고 돌아가셨다. 그 삼촌과의 재산 갈등은 아버지를 거쳐 오빠 때까지 큰소리가 오갈 정도로 이어졌다.

Y씨는 어린 시절 아버지와의 추억, 어머니가 돌아가신 후 재혼한 아버지의 삶에 대해서도 담담하게 썼다.

어렸을 때 아버지가 외출에서 돌아오면 언니나 내가 물을 받아다가 아버지 발을 닦아드렸다. 지금 생각하면 좀 굴욕감이 들기도 하지만, 그때는 모든 아버지가 그렇게 사는 줄 알았다. 아버지가 외출하신 날에는 따뜻한 아랫목에 보온을 위해 누벼진 덮개로 덮은 납작한 아버지의 밥그릇이 있었다. 가끔 이불 속에서 놀다가 그 밥그릇을 엎어서 엄마에게 꾸중을 듣기도 했다. 아버지가 돌아오시면 엄마가 저녁 밥상을 차려 오고 우리 5남매는 그 상머리에 쭉 둘러앉았다. 아버지는 여러 가지 충고나 인생의 교훈 같은 것을 얘기하셨다. 때론 너무 잔소리가 길어지기도 했지만 아버지가 조금씩 남기는 밥 먹기를 좋아했었다.

대도시에서 대학 다닐 때도 경제적 어려움 없이, 아르바이트 한 번 하지 않고 학교를 다녔다. 하지만 하나씩 재산이 줄어갔고 정미소도 어느 순간 우리 것이 아니었다. 아버지는 1978년에 통일주체국민회의 대의원에 선출되었으나 1980년 헌법 개정을 통해 폐지되는 바람에 그만두었다. 지금 생각하면 그리 자랑스럽지도 않은 그 대의원을 아버지가 왜 했는지 모르지만(한 번도 얘기 나눠 본 적이 없다) 아마도 점점 초라해지는 본인의 모습을 그런 식으로 보상받으려고 했을지도 모르겠다. 그 후 단위농협 조합장을 두 번 정도 하기도 했지만 세 번째 조합장 선거에서 낙방하고 다시 농사를 지으며 사셨다.

엄마는 자궁근종으로 수술을 한 후 위암 수술도 받았고, 위암이 다시 재발하여 내가 스무 살일 때 돌아가셨다. 엄마는 돌아가시기 전에 너무나 말라서 뼈와 피부가 붙어 있는 것처럼 보일 정도였다. 엄마가 아플 때부터 엄마의 빈자리가 너무 컸기에 아버지의 허전함 또한 너무 컸을 것이다. 엄마는 엄마대로 자신의 처지를 받아들이지 못하고 힘들어했고 밤마다 갈색의 피를 토하고 통증을 호소했다. 그럴 때도 아버지는 자신의 처지를 더 안쓰럽게 여기는 것 같았다. 지금 생각하면 왜 호스피스 간호를 해주지 않았을까 아쉬운 마음이다.

(…) 엄마가 돌아가신 후 1년쯤 지나 아버지는 재혼하였다. 새어머니는 한옥에서 하숙집을 하는 분이었는데, 아버지가 같이 시장도 보고 잘 도와준다고 말씀하셨다. 그런 아버지의 모습이 낯설기도 하고 좋아 보이기도 했다. 새어머니는 "시골에서 알아주는 유지라고 해서 나름 재산도 있는 줄 알았는데 그게 아니었다"는 말을 농담처럼 했다. 그때 아버지는 재산은 거의 없고 부채는 좀 있었던 것 같다. 마지막 생 동안 아버지는 부잣집 아들도 아니고, 전답 많은 부자나 유지도 아니고, 그냥 하숙집 아저씨로 하숙집 주인을 도와가며 살았다. 아버지에게 비뇨기과 질환이 있

다는 것도 새어머니 편에 들었는데, 함께 병원에 가보지는 않았다. 왜 그랬을까? 왜 아버지의 건강과 아버지의 마음에 대해 한 번도 깊이 생각해보지 않았을까? 병원에 근무하던 나는 시골집에서 할머니도 뵙고 오빠도 만났지만 아버지는 거의 만나지 않고 지냈다. 결국 엄마가 돌아가시고 5년이라는 짧은 시간이 지난 후에 아버지는 하늘나라로 가셨다. 엄마가 돌아가신 후 몇 년 동안이나 울면서 지내던 나는 아버지가 돌아가신 후 고아가 되었다는 그 채워지지 않는 부족함이 항상 마음에 있었지만, 많이 슬퍼하거나 아버지를 많이 그리워하지는 않았다. 지난 5월 아버지를 천주교공원묘지에 엄마와 함께 모셨다.

우리는 세상을 향해 최선의 얼굴만 보여주고 싶어 한다. 과거의 실패나 잘못, 아픔 같은 어두운 그림자를 보였다가 손해를 본 뼈아픈 경험 때문일지도 모른다. 현대사회의 '경쟁'과 '생존'의 전쟁터에서는 누구나 가면을 쓸 수밖에 없다는 말도 많이 한다. 가면이라는 뜻의 라틴어 단어 '페르소나'가 인격(personality)이라는 말의 어원이 된 것도 한편 이해가 간다.

하지만 겉으로는 가면을 써도 우리 마음속까지 가면을 씌울 수는 없는 일이다. 융도 말했다. "누구에게나 그림자가 있다. 이것이 개인의 의식적 삶에서 덜 구현될수록 그림자는 오히려 더 두껍고 짙어진다." 말하자면 우리 모두에게 있는 그림자, 과거의 실패와 아픔 같은 것들을 드러내지 않으려 할수록 그림자는 더 짙어지고 그로 인한 대가는 더 커지는 것이다.

로버트 그린은 《인간본성의 법칙》에서 자신 안의 거칠고 어두운 그림자를 직시하고 솔직하게 드러내는 사람이 남들이 자신을 어떻게 생각할까에 연연하는 사람보다 훨씬 더 큰 보상을 얻는다는 점을 강조했다. 자신이 완벽한 사람이 아니라는 것을 인정하고 드러낼 때 엄청난 해방감을 느낄 수 있으며, 이런 사람들은 남들의 편견이나 고정관념을 무시함으로써 힘을 얻을 수 있다고 설명한다. "어둠을 일단 한번 내보이고 나면 그것들은 더 이상 당신 인격의 한구석에 숨어 비밀스럽게 활동하지 않아도 된다. 당신 내면의 악마를 풀어주고 진짜 인간으로서 당신의 존재감을 더 높이는 셈이다. 그림자는 당신 편이 될 것이다."

따라서 역사 쓰기를 통해 이미 지나간 것, 잃어버린 것, 실패와 아픔의 기억을 솔직히 드러내는 건 매우 좋은 일이다. 그렇다고 모든 걸 만천하에 공개해야 한다는 뜻은 아니지만, 가슴 속에 숨겨 두었던 아픈 이야기를 쓰는 것 자체만으로도 엄청난 자유로움과 해방감을 느낄 수 있다는 점을 강조하고 싶다.

한 인간의 역사, 솔직한 과거 이야기를 공유한 사람들 간에 생기는 연대감도 특별했다. 자본주의적이고 피상적인 만남, '좋아요!' '힘내!' 같은 말과 온갖 이모티콘이 오가지만 정작 상대방의 마음에는 귀를 기울이지 않는, 건성의 대화가 판을 치는 요즘 세상에 누군가의 과거를 온전히 공유하고 같이 울고 웃을 수 있다는 건 얼마나 소중한 일인가! 혼자서도 카타르시스를 느낄 수 있지만 여럿이 함께 눈물을 흘리면서 나누는 카타르시스는 훨씬 더 힘이 세고 소중하다는 걸 여러 번 경험했다.

아무튼 이 프로그램을 통해 우리가 어떤 사람에 대해 잘 알고 이해한다는 것이 무엇인가에 대해서, 그리고 누군가와 진심을 나눈다는 게 어떤 것인가에 대해서 이런저런 생각을 해보게 된 건 뜻밖의 수확이었다. "사람이 온다는 건 실은 어마어마한 일"이라는 정현종의 시 한 구절이 저절로 떠오르는 순간이었다.

그랬다. 자기 역사를 같이 쓰고 그 내용을 공유한다는 건 누군가의 과거와 현재와 미래의 이야기를 나누는 것이고, 그래서 한 사람의 일생을 만나는 것이다. 그러니 실로 어마어마한 일인 것이다.

나는 정말 괜찮은가?
초감정은 알고 있다

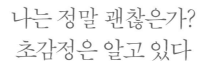

괴로워서 덮어두고 싶은 과거,
직면하고 싶지 않은 내면 아이

◇

E씨는 어린 시절에 관해 쓸 때 부모님에 대해 자세히
쓰지 않았다. 지나치게 자기주장이 강하고 권위적이고 가
끔 폭력을 휘두르기도 했던 아버지 밑에서 성장했다는 정
도로 간략하게 썼고, 어린 시절에 대해서도 그런 아버지로
부터 벗어나기 위해 이를 악물고 공부했다, 중학교 때부터

자기 발로 교회에 찾아가 열심히 신앙생활을 하기 시작했다는 내용이 전부였다. 실제로 그는 대학을 졸업하던 해에 공무원 시험에 합격하고, 서른이 조금 넘었을 때 교회에서 만난 사람과 결혼하면서 30대 중반에 자신이 목표한 바를 모두 이뤘다고 한다.

하지만 그의 가장 큰 고민은 건강이 좋지 않다는 점이었다. 병원 검진에서는 특별한 문제가 나타나지 않았지만 항상 피곤했고, 임신도 되지 않았다. 40대 초반까지만 해도 민원이 많아서 피곤하고 스트레스가 많아서 그러려니 했다고 한다. E씨는 일과 신앙생활에만 전념했다. 아무리 힘들어도 직장에서는 웃는 얼굴을 보이며 일하려고 애썼고, 바쁜 와중에도 교회에서 교리 교사를 계속 맡았다.

40대 중반이 넘으면서 피로도가 심각해지고 건강은 더 악화되었다고 한다. 심각한 건 어지럼증이었다. 쓰러진 적도 여러 번이다. 종합병원에 가봐도 이유를 알 수 없었다. 그러다 보니 주변 사람들이 더 걱정했다. 더 큰 병원에서 정밀 검사를 받아봐야 하는 거 아닌가? 너무 무리하는 것 아닌가? 좀 쉬어야 하지 않나? 그러나 그는 그럴 때마다 걱정하지 말라면서 주변을 안심시켰다.

그런데 이번에 남편에 대해 쓰는 과정에서 그는 엄청 혼란에 빠졌다고 했다. 어린 시절에 관해 쓸 때까지도 미처 생각하지 못했던, 아니 생각하지 않으려고 애썼던 아픈 기억이 선명하게 떠올랐을 뿐 아니라 남편과의 갈등이 어린 시절과도 관련되어 있다는 걸 깨달았기 때문이다. 그는 이렇게 썼다.

남편이 바람을 피우고 있다는 걸 진작부터 알고 있었다. 그런데도 그동안 난 왜 모르는 척했을까? 이번에 나에 대해 쓰면서 내가 왜 만사에 쿨한 척하며 살까? 난 진짜 괜찮은 걸까? 되짚어봤다. 난 괜찮지 않았다. 마음은 괜찮다고 했지만 몸은 알고 있었다, 괜찮지 않다는 걸. 몇 년 전에 우연히 남편이 직장 동료와 만나고 있다는 걸 알았을 때 하늘이 무너지는 것 같았고 그를 죽이고 싶었다. 하지만 꾹꾹 참고 교회에 가서 기도만 열심히 했다. 왜 참았을까? 그동안은 내가 워낙 자존심도 세고 내 인생에 이혼이라는 오점을 남기기 싫어하는 사람이라서, 결국 나 자신을 위해서 참았다고만 생각했다.

그런데 이번에 어린 시절과 관련이 있다는 생각을 처음 했다. 너무 괴로워서 잊으려고 했던 광경이 떠올랐다. 엄마의 그릇 던지는 소리, 울부짖는 소리, 그리고 이어지는 아버지의 고함과 폭력⋯ 엄마가 죽으면 어떻게 하지? 너무 무서워서 방안에서 울고만 있는 나⋯ 지옥 같은 광경이었다. 어린 시절 이야기를 쓸

때도 떠올리기조차 싫어서 슬쩍 넘어갔던 장면이었
다. 좀 크고 나서 부모님이 자주 싸우는 이유가 아버
지의 외도 때문이라는 걸 알게 되었을 때, 난 바람피
우는 아버지보다도 울고불고 매달리는 어머니가 더
싫었다. 절대 저런 여자로 살지 않겠다고 결심했었다.
정작 내 남편이 바람피우고 있다는 걸 알았을 때 그 고
통은 상상 이상이었다. 하지만 어린 시절에 경험했던
그런 지옥 같은 장면을 연출하고 싶지 않았다. 그때부
터 난 남편과 가능하면 마주치지 않으려고 집에도 늦
게 들어갔다. 난 강한 여자니까, 이 상황을 거뜬히 이겨
낼 수 있을 거라고 스스로에게 주문을 걸면서 버텼다.
얼마 전에 책을 찾아보면서 내가 어린 시절의 고통스
러웠던 경험 때문에 감정을 회피하는 것이 습관화된
상태라는 걸 알 수 있었다. '초감정'에 대한 글도 읽었
는데, 내 얘기를 하는 것 같았다. 남편에 대한 분노의
감정 뒤에는 어린 시절에 겪은 또 다른 감정이 숨어
있었다.

'초감정(meta emotion)'은 세계적인 가족치료 전문
가 존 가트맨(John M. Gottman)이 1996년에 처음으로 정
의한 개념으로 감정 뒤에 있는 감정, 감정을 넘어선 감정,
감정에 대한 생각, 태도, 관점, 가치관 등을 의미한다. 초감

정은 감정이 형성되는 유아기의 경험에서부터 시작되며, 무의식적으로 만들어지기 때문에 본인이 알아채지 못하는 경우가 많다고 한다.

E씨의 경우에도 어린 시절 아버지의 외도 때문에 부모가 싸우고 폭력이 오가는 걸 경험했을 때 미처 표현하지 못하고 억압되었던 분노와 원망으로 인해 초감정이 형성되었던 것 같다. 그래서 남편이 다른 여자를 만나고 있다는 사실에 "하늘이 무너지는 것 같은" 감정을 느꼈던 것이다. 하지만 한 번도 그 일을 놓고 따지거나 싸우지 않았는데, 이것 역시 어릴 때의 경험으로 인해 생긴 초감정 때문이라고 말할 수 있다.

말하자면 E씨는 어린 시절에 무의식적으로 만들어진 초감정으로 인해 어떤 충격적인 사실이나 심각한 사건에 대해 남보다 훨씬 큰 두려움을 가지게 되었을 것이고, 그랬기 때문에 어떤 사실이나 변화에 직면하기보다는 회피, 차단, 부정, 억압 등의 방어기제를 사용했을 가능성이 높다. 초감정은 어떤 심각한 사건이 일어나기도 전에 자동적으로 작동하는 것이기 때문이다.

다행인 것은 E씨가 자기 안에 있는 초감정의 존재를 인식하고, 현실을 직시하기로 결심한 점이다. 그는 건강을 위해서라도 더 이상 물러설 데가 없다고 썼다. 그는 남편과의 대화를 시작으로 하여 문제해결에 필요한 여러 가지 노력을 시작하겠다는 결의를 보였다.

지금 난 엄청 혼란스럽다. 그동안 분노와 배신감, 증오심으로 힘든 와중에도 일을 열심히 했고, 교리 교사 일도 계속했기 때문에 직장 사람, 교회 사람 아무도 내가 힘들다는 점을 눈치채지 못했다. 난 더 잘 웃으려고 노력했고, 아무 일 없는 것처럼 보이려고 애썼다. 이러다 보면 나아질 거라고, 이런 고통에는 신의 뜻이 있을 거라고 여기며 버텨보려고 했다. 난 내가 강철 멘탈을 가졌다고 생각했다.

하지만 몸은 모든 걸 알고 있었다. 나의 과거에 대해서도 모든 걸 기억하고 있었다는 걸 처음 알았다. 소름 끼치는 일이었지만 사실이었다. 판도라의 상자를 연 기분이라고 할까. 아무리 괴로워도 내가 어린 시절에 겪은 상처나 나 자신과 직면하는 일을 더 이상 회피할 수만은 없다는 생각이 든다.

왜 힘들 때도
'괜찮아'를 연발하는가?

우리는 누군가를 위로할 때, 아니면 나 자신에게도

"괜찮아, 다 잘될 거야"라는 말을 자주 한다. 화가 나지만 스스로 그것을 받아들이고 싶지 않을 때도 "괜찮아"라고 말하곤 한다. 하지만 가끔 이 '괜찮다'는 말이 무슨 뜻일까, 진심일까, 겉으로는 괜찮다고 말하지만 과연 속도 그럴까, 의문이 들 때가 많다.

전혀 괜찮지 않고, 문제가 있고, 엉뚱한 길로 가고 있다는 걸 알면서도 '괜찮아'를 연발하는 건 잘못이다. '쓰담쓰담' '토닥토닥'만으로 인생의 험한 고개를 넘을 수는 없다. 인생의 큰 파도는 얼렁뚱땅 피한다고 피해지지 않는다. 그러니 문제를 해결하기 위해서는 사실과 다른 '괜찮다'는 말부터 그만두어야 한다.

괜찮다는 말 대신에 어린 시절의 '첫 경험' '첫 충격'이 가져온 고통과 상처가 내면에 숨어 있지 않은지, 수치심과 분노와 피해의식으로 얼룩진 내면의 어린아이가 울고 있지는 않은지, 어린 시절의 고통과 상처가 성인이 된 후에도 나에게 칼을 휘두르고 화살을 쏘아 대고 있는 건 아닌지 세심하게 살펴보고 솔직하게 대답해야 한다. 어쩌면 울고 있는 내면 아이가 한 명만이 아닐지도 모른다. 엄마의 울부짖는 소리를 들은 순간에 머물러 있는 아이, 아버지의 고함과 폭력이 있던 그때 성장이 멈춘 아이, 부모가 죽일 듯이 싸우는 장면을 목격하면서 무력감에 어쩔 줄 몰라 하는 아이… 등등 다양한 아이가 우리 내면에서 울고 있을지도 모르는 일이다.

그런데도 우리는 깊은 우울감이나 분노감을 느낄 때 자신이 왜 그런 감정을 느끼는지 원인을 돌이켜볼 생각을 하지 않는 경향이 있다. 부정적인 감정을 느끼는 건 패배자가 되는 것이라고 스스로를 몰아가는 사람도 있다. 그래서 수단과 방법을 가리지 않고 부정적인 감정을 억누르고 긍정적인 감정 상태만 느끼려고 몸부림치는 사람도 있다.

스탠퍼드대학과 텍사스대학의 제임스 그로스(James Gross)와 제인 리처드(Jane Richards) 교수의 실험은 감정을 억누르는 것의 문제점과 심각성을 보여준다. 이들은 피실험자들에게 황당하고 부정적인 내용의 영화를 보여주고는 한쪽 사람들에게는 감정을 억누르라고 요청했고, 다른 쪽 사람들에게는 아무런 특별한 지시를 내리지 않았다.

영화가 끝난 후 영화 내용을 묻는 기억력 테스트를 실시한 결과, 감정을 억누르라는 지시를 받은 사람들은 특별한 지시를 받지 않은 사람들에 비해 영화 내용에 대해 잘 기억하지 못하는 것으로 나타났다. 즉 감정을 억누르면 감정을 없애는 데 모든 에너지를 쓰느라 어떤 사건에 대해 잘 기억하지 못하거나 중요한 정보를 얻지 못하게 된다는 걸 보여주는 실험이었다.

영국 킬대학 심리학 교수 리처드 스티븐스(Richard Stephens) 등이 했던 '욕설 실험'도 흥미롭다. 이들은 지원자를 두 그룹으로 나누어 얼음물에 손을 담그게 한 뒤 최대 5분까지 버티게 하는 실험을 하면서 한 그룹은 욕을 하게 하고 다른 그룹은 욕을 하지 못하게 했다. 실험 결과 욕을 반복적으로 한 그룹이 욕을 하지 못한 그룹에 비해 덜 고통스러워 했고 더 오래 견딜 수 있었다. 이 연구는 힘든 순간에 감정을 표현할 수 있어야 고통이 줄어든다는 것을 보여준다.

　괜찮지 않은데도 괜찮다면서 감정을 억누르는 것은 심리적, 신체적 문제로도 이어진다. 우선 심리적으로는 불편한 마음이 짜증이나 신경질로 표출되는 히스테리 상태가 되기 쉽다. 불편한 감정을 참는 데 에너지를 소비하게 되면 나의 심리적 상태는 점점 더 부정적으로 변화되고, 문제가 반복되다가 감정적 폭발을 일으키고, 결국 관계의 종결로까지 이어진다. 신체적인 문제도 심각하다. 충족되지 못하고 좌절되거나 억압된 심리적 욕구들이 신체적 증상으로 나타나는 '신체화 장애(somatization disorder)'가 일어나기 쉽다.

　따라서 괜찮지 않은 일에 괜찮다고 말하지 말자. 문제가 더 커지기 전에, 작은 불편함의 상태일 때 좋게 해결하는 것이 상책이다. 나 하나 참으면 된다, 나만 모르는 척하면 된다, 나 혼자 모든 것을 감수하겠다는 태도는 좋지 않다. 자신을 속일 필요는 없다. 사실 속일 수도 없는 일이다. "몸은 모든 걸 알고 있었다"는 E씨의 말처럼, 몸과 마음은 연결되어 있다. 가슴이 얼마나 쓰라린지 이미 자신은 잘 알고 있다. 주변 사람들도 마찬가지다. 다른 사람에게 자기 감정을 잘 숨겼다고, 들키지 않았다고 착각해서는 안 된다. 감정은 결코 숨길 수 없다. 세상에서 가장 숨기기 어려운 것이 감정이다.

특히 오십은 나의 방어기제를 업그레이드 해줘야 할 절호의 타이밍이다. 당신의 트라우마 앞에서 너무 얼어붙거나 도망치지 말라. 더 늦기 전에 싸움이 필요하면 싸워야 한다. 너무 억누르고 참지 않아야 한다. 직면하고 싶지 않았던 것을 직면할 수 있는 힘만 가져도 진짜 나를 배울 수 있으며, 나를 구할 수 있다.

내 감정을 구체화해서 내 정신의 실체를 만나는 연습도 필요하다. 기분이 언짢은가? 우울한가? 괴로운가? 내 감정에 이름을 붙이고 원인을 파악해봐야 한다. 아는 단어가 우울증밖에 없으면 나의 모든 감정이 우울증으로 종결되어 버릴 것이다. 그러므로 자기 마음을 진단하고 표현할 수 있는 어휘력을 늘려보자. 마음의 힘을 키움으로써 나의 아픈 마음을 위로하고 상처를 치유해보자.

웃으면
행복해진다?

힘들어도
웃는 사람들

◇

앞에서 E씨가 힘들고 아픈 마음을 숨기고 항상 웃는
얼굴을 하려고 애썼고, 힘들수록 "더 잘 웃으려고 노력했
다"라고 쓴 걸 보면서 마음이 아팠다. 웃는 것이 항상 긍정
적인 건 아니기 때문이다. 그런데 주변을 둘러보면 웃으면
행복해진다, 웃으니까 실제로 행복해졌다고 믿는 사람이

의외로 많은 것 같다. 다음은 '웃으면 행복해진다'는 가훈에 따라 항상 웃으려고 노력했다는 R씨가 쓴 글이다.

어렸을 때 우리 집 가훈은 두 가지였다. '웃으면 행복해진다'와 '다다익선'. 그런 집의 막내딸답게 많이 웃으면서 열심히 살았고, 더 많이 벌기 위해 노력했다. 정말 많이 웃어서 그랬는지, 열심히 살아서 그랬는지, 혹은 운이 좋았는지 마흔 중반에 승진도 해서 꽤 높은 자리에 올라갔다. 지금 돌아보면 그때가 직장에서도 인정받고 보람도 느끼고 월급도 많아서 경제적으로도 안정되고 자신감도 가장 컸던 시기였다.

그런데 그때가 내 인생의 정점이었나 보다. 마흔 중반부터 매사에 짜증이 났다. 녹내장 진단을 받았을 때는 회사를 그만둘까, 많이 망설였다. 하지만 너무 아까웠다. 직장에서 인정받기 위해 노력했던 일들이 떠오르면서 아직은 아니다, 다시 파이팅 해보자고 결의를 다졌다. 그래서 짜증 나는 속마음을 숨기고 나의 특기인 긍정성, 유머 감각, 유쾌한 에너지, 친절함 등이 최대한 드러나도록 노력하며 지냈다. 때로는 내가 생각해도 좀 과하다 싶을 정도로 밝고 명랑한 표정을 짓고, 잘 웃었다. 누군가 '투머치(too much)'라는 별명을 지어줄 정도였고, 가끔은 과잉 친절을 베

풀어서 상대를 부담스럽게 한 적도 있었다.

지금 생각해보니 그때 난 심리적인 혼란 상태에 빠져 있었다. 그동안 그렇게 열심히 해왔던 일들이 다 시큰둥하게 여겨졌다. 성공하겠다고, 승진하겠다고 아등바등 애쓰는 후배들이 가엾게 여겨졌다. 그때만 해도 내가 우울증인 줄은 꿈에도 몰랐다. 그냥 '내 성격이 왜 이렇게 변하는 거지?' '갱년기라 그런가?' 정도로 생각했고, 다시 정신을 차려야지, 예전의 밝고 명랑한 성격을 되찾아야지, 힘들어도 웃어야지라며 나를 채근했다.

하지만 웬걸, 시간이 지나도 피로감과 짜증, 분노감은 사라지지 않았고 더 심해졌다. 아침마다 '오늘은 제발 다른 사람들에게 짜증 내지 않도록 도와주세요', '회사에서 화내지 않도록 도와주세요'라고 기도했지만 한 시간도 못 되어 짜증 내고 화내는 일이 반복되었다. 일도 하기 싫고 무엇보다 사람 만나는 게 싫었다. 죽고 싶다는 생각도 들었다. 이제까지 살아온 삶이 모두 허망하게 느껴졌고, 아이들한테 잘못했던 기억만 떠오르고, 직장 동료들에게도 미안했고, 죽으면 편할 텐데… 하는 생각이 들었다. 그래서 회사에서 야근하던 어느 날 내가 갑자기 사라지면 당황할 사람들을 위해 뭔가를 남겨야겠다고 생각하곤 '혹시 내가 먼저 떠나면 보세요'라는 제목의 글을 써서 친하게 지내던 회사 동료에게 맡겼다.

그 유서 같은 글 때문에 회사가 발칵 뒤집혔다. 처음에는 회사 내 갑질이나 괴롭힘 문제 때문인가 해서 회사도 긴장했다. 결국 병원에 입원한 후에 '가면 우울증'이라는 진단을 받았다. 겉으로는 명랑해 보이지만 우울한 상태라고 했다. 의사는 여러 가지 문제들이 복합적으로 얽혀 있지만, 일종의 '과부하'에 걸렸다고 말했다. 뛰어난 능력을 가졌지만 능력에 비해서도 지나치게 일을 많이 하고, 또 이것저것 신경을 쓰다 보니 무리가 컸다는 것이다.

가면 우울증은 '스마일 마스크 증후군'이라고도 불린다. 자신의 깊은 곳에 숨어 있는 부정적인 측면을 드러내는 걸 두려워하면서 항상 웃음 띤 얼굴을 하고, 부담스러울 정도로 많은 말을 쏟아 낸다고 한다. 그래서 얼핏 보면 굉장히 밝고 긍정적인 사람으로 보이는 것이다. 그가 선택한 가면이 크고 두꺼울수록 치료도 힘들다고 한다.

과연 무엇을 위해, 혹은 누구를 위해 감정을 숨기는 것일까? R씨는 자신이 항상 행복해야 하고 또 남에게도 그렇게 보여야 한다는 '행복 강박'에 빠져 있었다는 사실도 인정했다.

남들 앞에서 명랑하게 잘 웃고 행복한 척하는 게 긴장도 되고 좋은 점도 있었는데, 시간이 갈수록 힘들었다. 정신이 한시도 쉬지 못했고 늘 긴장된 상태였던 것이다. 나에게 행복은 일종의 '굴레'와도 같은 것이었다.

마흔 넘고 오십이 가까워지면서 눈가 주름에, 흰머리에, 침침한 눈에, 늙고 있는 내 모습 때문에 거울도 보고 싶지 않고 우울했는데, 그래도 웃으려고 노력하며 하루하루를 버텼던 걸 생각하면 눈물이 난다. 요즘엔 억지로 웃지 않는다. 남들한테 행복해 보이는 것, 그게 다 무슨 소용인가? 달라진 내가 낯설게 느껴지기도 하지만 전보다 건강하다고 생각한다.

'행복해서 웃는 것이 아니라 웃으니까 행복해진다'라는 유명한 말은 학습이론과 인지이론, 그리고 인지이론을 적용한 인지행동주의 치료기법에서 많이 사용된다. 실제로 웃음이 행복에 미치는 효과는 큰 것으로 알려져 있으며, 뇌과학적으로도 입증된 바 있다. '표정 피드백 가설'도 유명하다. 즉 감정이 표정을 만들어내는 것이 아니라 표정과 행동이 감정을 만들어낸다는 것이다. 사실 일상생활에서도 자주 경험하는 일이다. 상을 잔뜩 찌푸리고 있을 때보다 밝은 표정을 짓고 있을 때 스스로도 조금 더 행복한 느낌이

들고, 고개를 끄덕이면서 진지한 표정으로 다른 사람의 말을 듣고 있을 때 상대방의 말이 더 잘 이해되고 공감능력도 커지는 느낌이 드는 것이다.

그래서 나도 한때는 그 말을 굳게 믿고 웬만하면 웃으려고, 밝은 표정을 지으려고 노력했던 적이 있었다. 하지만 힘들어도 웃고 있는 사람들, 특히 후배들을 보면서 마음을 바꿨다. 그런 사람들을 보면서 안타까웠던 적이 한두 번이 아니다. 마음속으로는 비명을 지르면서도 겉으로는 웃고 있는 사람들, 고통을 참고 견디는 데 너무 익숙해 있는 사람들, 매사에 지나치게 노력하는 사람들, 자기 탓이 아닌 것까지도 자기 탓인 양 끌어안고 괴로워하는 사람들, 자신의 문제를 직면하지 못하고 회피하려고만 하는 사람들, 이런 사람들이 왜 이리 많은가?

소위 똑똑하고 잘나가는 사람일수록 더 그런 것 같다. 분명 문제가 있는데도 없는 척, 행복한 척하는 사람들이 많다. 이런 사람들은 몸이 아프고 쓰러져도 쉬려고 하지 않는다. 당장 일에서 손을 떼고 휴식해야 하는데 일에서 손을 놓지 못한다. 혹시 우울한 것은 아닌지, 우울증 치료가 필요한 것은 아닌지, 심각하게 고민해봐야 하는데도 '우울증'의 '우'자만 들어도 화들짝 놀라며 손사래를 친다.

하지만 오십이라는 나이는 우울감에 대해 한번쯤은 생각해봐야 하는 때이다. 한창 바쁜 시기에 가족이나 타인,

혹은 직장이나 사회에 대한 분노나 공격성을 밖으로 분출하지 않으려고 지나치게 노력하다 보면 우울증으로 이어질 수도 있기 때문이다. 2021년에 OECD가 발표한 보건통계에 의하면 우리나라 사람들의 자살사망률은 10만 명당 24.7명으로 OECD 국가 중 가장 높으며, OECD 국가 평균인 11명의 두 배를 훨씬 상회한다. 연령별로 보면 10대에 매우 높다가 30대 이후에 감소하지만 50대 이상이되면 연령이 높아질수록 다시 높아지는 추세다. 자살의 주요 원인인 우울증에 관심을 기울여야 하는 이유이다. 특히 코로나19로 인해 대외활동이 감소된 점, 급격한 사회변화에 대응하기 힘든 점 등도 감안해야 한다. 혹시 내가 우울한 건 아닌지, 우울증 치료가 필요한 것은 아닌지 스스로에게 관심을 기울여보자.

세계에서 항우울제를 가장 많이 복용하는 덴마크 사람들

◇

그런데 흥미로운 건 UN 행복지수 조사에서 1, 2위를 다투는 덴마크 사람들이 세계에서 항우울제를 가장 많이 복용한다는 사실이다. UN 산하 자문기구인 지속가능발전 해법 네트워크(SDSN)가 발표한 〈2020 세계행복보고서〉

에 의하면, 우리나라의 행복지수 순위는 153개국 중에서 61위로 상당히 낮은 수준으로 나타나지만 덴마크는 2위를 기록했다.♦ 그렇게 행복한 나라의 사람들이 항우울제를 가장 많이 복용한다니, 그건 무슨 이유일까?

2년 전에 직장 상사에 대한 분노가 폭발하면서 우울증을 심하게 겪었고, 우울증 치료와 함께 가족상담도 받은 경험이 있다는 T씨는 덴마크 사람들이 세계에서 항우울제를 가장 많이 복용한다는 사실을 접하고 난 후에 느낀 점을 이렇게 썼다.

코펜하겐에서 1년간 지낼 때 우연히 덴마크 사람들이 전 세계에서 항우울제를 가장 많이 복용한다는 사실을 알게 되었다. '뭐야? 혹시, 덴마크인들의 행복지수가 그렇게 높은 건 항우울제 때문인가?' 하는 의문이 들었다. 사실 전부터 궁금했었다. 1년 중 9개월간 오후 3시면 어두워질 정도로 밤이 길고, 일조량이 부족한 나라, 그래서 우울한 사람이 많고, 한때 세계에서 가장 자살률이 높은 나라라는 오명을 가졌던 덴마

♦ 우리나라는 1인당 GDP는 10위 정도로 높은 편이지만 사회적 지원, 사회적 자유, 관용, 부정부패, 미래에 대한 불안감, 기대수명 등의 지표들, 특히 사회적 지표 점수가 낮기 때문에 전체적인 행복지수 순위가 낮은 나라로 분류된다.

크가 어떻게 이렇게 행복지수가 높은 나라로 거듭날 수 있었을까? 이 사람들은 우울감에 대해 어떻게 대처할까? 궁금하던 차였다. 그런데 항우울제를 복용하는 사람이 많다면? 혹시 항우울제 때문에 행복한 건가? 여러 자료를 검색해보니 그건 아니었다.

그렇다. 덴마크 사람들의 행복지수가 높은 이유를 항우울제 복용에서 찾을 수는 없다. 항우울제란 우울한 상태를 안정시키는 역할을 할 뿐 항우울제가 사람을 행복하게 만들지는 못하기 때문이다. 코펜하겐대학교의 묄드룹(C. Moldrup) 교수는 덴마크 사람들이 항우울제를 많이 복용하는 것은 다른 나라 사람들보다 더 불행해서가 아니라 다른 나라에 비해 덴마크가 문화적으로 우울증을 잘 이해하고 더 자연스럽게 받아들이기 때문에 우울증 치료도 열심히 하고 항우울제도 복용하는 것이라고 설명했다.

다시 말하면 덴마크 사람들은 상황이 안 좋거나 컨디션이 좋지 않다는 사실을 감추지 않는다고 한다. 오히려 약점을 겸손하게 받아들이는 편이다. 그래서 덴마크 사람들은 인생을 살다 보면 어느 순간 항우울제가 필요할 때가 있다는 것을 인정하고, 실제로 힘들 때 항우울제를 많이 복용한다는 것이다. 세상에서 가장 행복지수가 높은 덴마크 사람들이 항우울제의 필요성을 인정하고 사용한다는 사실은 T씨에게도 큰 위로가 되었다.

솔직히 어린 시절의 상처는 많이 치유되었고, 부모님, 동생과도 화해했지만 우울감은 완전히 사라지지 않았다. 요즘도 자주 우울하다. 가슴 속의 분노와 허망함, 실망, 권태는 여전하고, 그 밑바닥에는 슬픔이 자리 잡고 있다. 앞으로도 우울할 일은 더 많아질 것이다. 건강이 안 좋거나 가까운 사람들이 먼저 세상을 떠나거나 하면… 나 자신을 자학할 수도 있고, 여러 가지 어려움이 생길 것이다.

그래도 행복지수 높다는 덴마크 사람들이 항우울제를 많이 복용한다는 걸 알고 나니 위로받는 느낌이다. 앞으로 심하게 우울해지면 나도 그들처럼 항우울제가 필요하다는 사실을 쿨하게 받아들일 것이다. 이제부터는 힘들고 고통스럽고 아플 때도 너무 감추려고 하지 않으려고 한다. 사람들한테 '나 우울해, 만나자!'라고 소리칠 거다.

T씨가 이 글을 발표했을 때, 누군가가 "그럴 때 나한테 전화하세요"라고 말하는 바람에 한바탕 웃음꽃이 피었다. T씨가 직접 겪었던 우울증에 관한 이야기는 결코 밝은 것이 아니었지만 그의 미래는 결코 어둡지 않아 보였다. 그

가 경험했던 우울감으로 인해 오히려 우울증에 관한 공부도 많이 하고, 자신의 내면과 주변을 성찰하고 미래를 준비하는 힘도 갖게 되었기 때문이다. 그렇다. 우울할 땐 항우울제가 필요하다는 사실을 받아들이고, 힘들고 고통스러울 땐 도움이 필요하다고 소리칠 수 있는 용기가 필요하다.

긍정적 마인드에 대한 생각도 바꿔야 한다. 진정한 긍정은, 모든 부정적인 감정마저도 긍정하는 데서 출발한다. 나의 모든 감정을 부정하지 않고 온전히 받아들이는 것이 긍정이다. 아프고, 힘들고, 슬프고, 실망스럽고, 좌절감에 빠지고, 화가 나는 모든 부정적인 감정을 무작정 덮고, 웃거나 행복한 척하는 것은 나의 감정을 부정하는 것이다. 그리고 그건 성장의 기회를 놓치는 것이다. 까칠한 마음이 들 때, 버럭 화를 내고 싶을 때, 소심해질 때, 슬퍼질 때, 우울해질 때, 이 모든 감정을 있는 그대로 인정하고 받아들이는 것이 진정한 긍정이다. 나 자신도 어찌할 수 없는 슬픔, 피할 수 없는 어려움이 있다는 것을 받아들여야 한다. 기쁨과 즐거움이라는 감정도 슬픔과 우울함이라는 감정이 있을 때 더 의미 있게 다가오는 것이라는 점도 받아들이자.

가장 가까운 사람이
가장 아프게 한다

당연한 말이지만 한 개인에게 가족의 영향력은 가히 절대적이다. 그래서 가족에 관한 이야기를 쓴다는 건 쉽지 않은 일이다. 어떤 사람에게 가족은 세상에서 가장 소중한 사랑을 가르쳐준 대상이지만 또 어떤 사람에게는 가장 치명적인 상처를 준 대상이기 때문이다. 가족으로부터 사랑을 많이 받은 사람과 치명적인 상처를 받은 사람 중에서 어느 쪽이 가족에 대해 더 쓸 말이 많을까? 후자일 거라고 생각한다. 심리치료나 정신과 치료를 받는 이유 중 상당 부분이 가족 때문이라는 말도 그래서 나온 게 아닐까 싶다.

우리 프로그램 참여자 중에도 가족 때문에 힘들어하는 사람이 생각보다 많았다. 자기 역사에 등장하는 상처의 상당 부분이 가족과 관련되어 있다고 말해도 무리가 아닐 정도였다. 좋으나 싫으나 가족에 의존해야 했던 어린 시절의 상처는 말할 것도 없고, 오십이 된 지금까지도 가족 때문에 상처를 받고 마음을 다치는 일이 비일비재했다. 그래서 가족에 관해 쓴 글을 읽고 나서 한숨 쉬거나 눈물 흘리는 일이 많았고, 듣는 사람들도 가족 이야기에 대해서만은 모두 조심스러운 표정을 지으며 말을 아끼거나 침묵을 지키기 일쑤였다.

'궁합'이 맞지 않는
가족관계

◇

B씨는 자신의 가족에 대해 객관적으로 들여다보는 게 쉽지 않은 일이었지만 그래도 용기를 냈다는 말로 가족 이야기를 시작했다.

가족에 관해 쓰는 일이 편치 않았다. 쓰기 위해서는 먼저 내 가족에 대해 객관적으로 바라볼 수 있어야 하는데 그건 더 어려운 일이었다. 특히 '과거의 가족 이야기를 굳이 써야 하나'라는 회의감도 들었다. 어렸을 때 생각을 하면 지금도 괴롭다. 우리 집은 경제적으로는 어렵지 않았다. 하지만 부모님은 매일 화를 냈고 틈만 나면 싸웠다. 장녀였던 나는 부모님의 화풀이 대상이었다. 동생들은 부모님이 싸우기 시작하면 슬금슬금 피하면서 나를 방패막이처럼 밀어놓고는 도망쳐 버렸다. 난 부모도 싫고 동생들도 싫었다. 아버지보다 엄마가 더 싫었다. 엄마는 정말 마귀처럼 느껴졌고 말도 섞기 싫었다. 집은 지옥이었다.

하지만 대학에서 심리학과 사회복지를 공부하면서부터 B씨는 부모님을 조금이라도 이해해보려고 노력했다. 그래도 부모님과의 관계를 개선하는 일은 쉽지 않았고, 지금도 여전히 갈등이 많다고 했다. 그래서 B씨는 부모로서, 어린 시절에 자신이 경험했던 상처를 자녀들에게 대물림하지 않기 위해 노력하고 있다고 했다.

아무리 생각해도 부모님과는 정말 궁합이 맞지 않는다. 요즘도 부모님은 툭하면 싸우고, 각자 전화해서 불평불만을 털어놓는다. 어디 조금이라도 아픈 데가 있으면 병원에 빨리 데려가라고 소리를 친다. 아버지와 엄마가 경쟁이나 하듯이 용돈 달라, 뭐 해달라고 괴롭힐 때는 정말 너무 힘이 든다.

그래도 다행히 지금의 난 어렸을 때의 내가 아니다. 결혼해서 내 가정을 꾸렸고, 아동복지기관에서 고통받는 아이들을 돕는 일도 하고 있다. 아이 둘을 낳아 키우면서 내가 경험했던 고통을 우리 아이들한테는 물려주지 않겠다고 결심했다. 그래서 틈만 나면 아이들한테 이야기한다. 우리가 부모자식으로 만난 사이이지만 궁합이 안 맞을 수 있노라고. 그러니 혹시 부모가 너희한테 상처만 준다는 생각이 들면 언제든지 떠나도 좋다고. 나는 왜 부모와 이렇게 맞지 않을까? 너무 고민하며 자책하지 말라고. 일터에서 만나는 아이들이 부모 때문에 고통받는 걸 볼 때도 어린 시절의 나를 보는 것 같아 너무 괴롭다. 아이들이 무슨 죄가 있나? 불행한 시대에 불화하는 부모의 맏딸로 태어나 집안의 천덕꾸러기로 자란 나. 나 같은 아이가 없는 세상을 만드는 데 작은 힘이라도 보태고 싶다.

그런가 하면 우리 프로그램에 참여했던 N씨는 자신의 출생에 얽힌 '웃픈' 일화를 통해 가족과의 만남, 아니 출생 자체가 얼마나 하찮은 우연에 의해 결정되는지를 보여주었다. 형제들과 나이 차이가 꽤 있었던 그는 어렸을 때

'다리 밑에서 주워온 아이'라는 놀림을 받는 게 너무 싫었고, '혹시 그게 사실이라면 어떻게 하나?'라는 불안감에 떨었다고 한다. 그런데 나중에 어머니로부터 자신을 유산하려고 산부인과에 갔었으나 돈 몇천 원이 부족해서 다시 돌아왔고, 시기를 놓치는 바람에 자신이 세상에 나오게 되었다는 이야기를 듣게 되었다고 한다.

내가 주워온 아이가 아니라는 사실이 기쁘면서도 또 한편으로는 만약에 어머니한테 몇천 원이 있었다면 내가 이 세상에 태어나지도 못했겠구나라는 생각 때문에 혼란스러웠고 마음 한구석에 서운함이 가득했었다. 그런데 지금 생각해보면 삶이 정말 별것 아니다. 몇천 원이 없어서 태어난 존재, 덤으로 태어나서 덤으로 사는 인생, 뭐가 그리도 어렵고 힘들게 살아왔을까, 하는 생각도 하게 된다.

그렇다. 출생 자체도 그렇지만 가족이야말로 내가 선택한 것이 아니다. 하필이면 그런 부모에게서 태어난 것, 하필이면 아들, 혹은 딸로 태어난 것, 하필이면 몇 번째 자녀로 태어난 것, 이 모든 것은 우연히, 운명처럼 내게 주어졌다. 그러므로 B씨의 표현대로 아무리 부모자녀 관계라지만 '궁합'이 맞지 않을 수도 있는 일이다.

이렇게 우연히 만난 가족이 내 인생에 엄청난 영향을 주고, 혹은 내 인생에 씻을 수 없는 상처를 준다는 건 정말 아이러니한 일이 아닐 수 없다.

대물림되는 가족 문제

가족의 중요성에도 불구하고 가족에 대해 배울 기회는 많지 않다. 그러다 보니 가족 하면 사이좋은 부부와 자녀가 오순도순 살아가는 정형화된 '스위트홈'의 이미지만을 가지고 있는 경우, 가족은 절대 변해서도 안 되고 무조건 끈끈해야 한다고 생각하는 경우, 다양한 가족 유형이 있을 수 있다는 것을 받아들이지 못하는 경우가 비일비재하다. 40대 남성 L씨는 자신이 이혼하는 과정을 통해서야 비로소 가족이라는 것에 대해 많이 생각하고 배울 수 있었다. 왜 가족에 관해 미리 공부하지 않았나, 뒤늦게 후회했다는 내용을 쓰고 발표했다.

내가 이혼했던 2015년에 일본 작가가 쓴 베스트셀러 《가족이라는 병》이라는 책이 나왔다. 진작 봤으면 좋았을 책이었다. 작가가 여자인 데다가 나이가 나보다 훨씬 많은 사람이었지만 그녀의 가족 이야기가 우리 가족 이야기와 비슷한 점이 많았고(아버지가 군인이라는 점도 같았다), 이혼을 한 직후라 그랬는지 여러 가지로 공감이 갔다.

어렸을 때는 우리 가족에게는 문제가 없는 줄 알았다. 하지만 이혼을 겪으면서 보니 우리 가족에게도 병이 있었다. 죽을 정도의 병이 아니었을 뿐이다. 군인이었던 아버지는 가족을 위해 희생하는 면도 있었지만 무섭고 권위적이었고, 어머니도 지나치게 보수적이고 엄격했다. 이혼하고 나서 알았다. 부모님으로부터 가족을 사랑하는 법을 배우지 못했다는 걸. 자라면서 아버지로부터 가장 많이 들은 말은 "왜 그렇게 못났냐?"는 꾸지람이었다. 칭찬이나 애정의 말을 들은 기억이 없다. 자녀교육은 그렇다 치고 부부 사이라도 좋았으면 좀 나았으련만…. 내 머릿속에 남아 있는 건 가부장적인 아버지와 지나치게 현실적이고 잔소리가 심했던 어머니가 불화하던 모습뿐이다.

이혼 후에 비로소 결혼이나 가족에 대해 여러 가지를 배웠다. 직접 몸으로 부딪쳐서 배운 셈이다. 나 자신도 내가 어떤 사람인지 몰랐고, 부모로부터 부정적인 것들만 배웠다는 걸 뒤늦게 깨달았다. 이혼 직후에 부모님에게 참았던 화를 한바탕 쏟아낸 적도 있었지만 지금은 나도 부족했다, 나 혼자서라도 노력을 했어야 했다고 생각한다. 아빠 없이 커가는 내 아이들을 보면서 미안하고 안타까울 뿐이다.

어머니는 더 늦기 전에 아무나 만나서 빨리 재혼하라고 성화다. 하지만 난 두 번 다시 똑같은 잘못을 저지르고 싶지 않다. 사람은 쉽게 변하지 않는다. 이런저런 가족 문제를 보면서 더 그런 생각이 든다. 좋은 사람 만나려면 나부터 좋은 사람이 되어야 한다.

정신분석에서 출발하여 하나의 독립된 가족치료 모델을 개발한 보웬(M. Bowen)은 부모에 대해 해결되지 않은 정서적 반응을 가지고 있는 사람은 새로운 관계를 형성할 때마다 과거의 잘못된 패턴을 반복한다고 주장했다. 그리고 가족 내의 정서 반응이 핵가족으로 그치는 게 아니라 여러 세대에 걸쳐서 일어난다는 점을 '다세대 전수과정'이라는 개념으로 설명했다. 그래서 성숙하고 건강한 인격을 형성하기 위해서는 가족에 대한 해결되지 않은 정서적 애착을 적극적으로 해결해야 한다고 강조했다.

보웬은 특히 가족과 자신을 분리할 수 있는 '자아 분화'의 중요성을 강조했다. 자아가 분리되지 않은 사람은 가족 성원의 지시에 자율적인 정체성을 갖지 못하고 감정적으로 행동하거나 다른 사람과 자신의 생각을 혼동한다는 것이다. 또한 가족 안에서 두 사람의 관계에 불안 수준이 높아지면 제삼자를 끌어들여서 '삼각관계'를 형성하는데, 예를 들면 부부 사이의 긴장 관계를 해소하기 위해 자녀에게 지나친 에너지와 관심을 쏟게 되면서 자녀가 문제행동을 보이는 경우가 이에 해당한다.

그런가 하면 부모가 자신들의 미성숙함을 '가족투사 과정'을 통해 자녀에게 전수하기도 한다고 주장했다. 예를 들면 원가족에서 단절된 남편이 아내에게 냉정하게 대하고, 아내는 아내대로 불안감에서 벗어나기 위해 자녀를 지나치게 통제함으로써 자녀에게 심리적 갈등을 일으키는 식의 투사가 일어나는 것이다.

보웬이 강조한 '다세대 전수과정', '자아 분화', '가족 내 삼각관계', '가족투사' 등의 개념은 우리나라 가족관계를 설명하는 데도 매우 유용하다. 우리처럼 가족 내 정서적 융합을 강조하는 사회에서는 가족과 자신과의 분화가 충분히 이루어지지 못한 채 결혼해 새로운 가족을 만들 가능성이 높으며, 이로 인해 파생되는 여러 가지 가족 문제가 삼각관계나 가족투사의 과정을 거쳐 다음 세대로 이어질 위험성이 높기 때문이다.

'가족이라는 병'의 근원,
가족주의

◇

L씨가 읽었다는 《가족이라는 병》은 2015년 3월 일본에서 출간 직후 베스트셀러 1위에 오르면서 인터넷에서 찬반양론이 들끓었던 화제의 책이다. 저자 시모주 아키코는 어떤 인터뷰에서 "일본에서 전체 범죄는 줄어드는데 가족 간 범죄는 늘고 있다"면서 "가족이 친해야 한다고 생각할수록 미움은 더 커지고 극단적 방법을 택하게 된다"고 말한 바 있다.

그는 가족 간의 살인이 증가하는 추세에 대해서도 우려를 표시했다. 경제가 성장하고 다양한 시스템이 생기면서 전체 살인사건은 감소했지만, 가족 간 살인사건은 늘어나고 있다는 것이다. 부모 사망 후 형제간에 벌어지는 유산 상속 분쟁, 부모에 의한 아동학대의 심각성도 지적했다. 그는 자기 집에서는 결코 일어나지 않을 것이라 믿었던 일이 발생한 후에 뒤늦게 허둥지둥하지 말고, 남에게 일어난 일은 나에게도 일어날 수 있다고 생각하면서 가족 내 사건을 냉철하게 분석하고 대비하는 것이 필요하다고 주장했다.

그런데 시모주 아키코가 지적한 가족 문제는 요즘 우리 사회의 문제이기도 하다. 그리고 일본도 그렇지만 우리나라의 가족 문제의 기저에는 개인의 개별성, 다양성을 존중하지 못하는 '가족주의'가 자리 잡고 있다. 그래서 겉으로는 가족이 세상에서 가장 중요하고, 자신이 열심히 사는 이유는 가족을 위해서라고 말하면서도 가족 내부적으로는 가정폭력, 학대, 가족 살해 등의 문제가 점점 증가하고 있는 것이다. 즉 《이상한 정상가족》의 저자 김희경이 지적한 대로, 가족은 가장 중요한 관계인 동시에 가장 위험한 관계가 되고 있다.

우리 프로그램에 참가했던 Z씨도 어렵게 가족에 얽힌 아픈 경험을 털어놓았다.

최근 몇 년간 '미투'라는 단어를 들을 때마다 가슴을 칼로 에는 듯 아팠다. 구체적으로 밝힐 수는 없지만, 어렸을 때 아버지와 오빠로부터 성희롱과 성폭력 사이 중간쯤에 해당되는 행위를 당한 적이 있다. 당시에는 그게 뭔지 몰랐고, 뭔가 엄청 더럽고 무섭고 충격적인 일을 당했다는 느낌만 있었다. 불행 중 다행으로 한두 번으로 끝난 일이라서 기억에서 지우려고 노력했고, 실제로 한동안은 거의 잊고 있었다. 아니 잊었다고 착각했었다.

그 기억을 다시 떠올린 건 이혼을 겪으면서였다. 이혼한 후에도 오랫동안 충격에서 빠져나오지 못했고, 나중에는 심리상담까지 받았는데, 집단상담을 받는 과정에서 내 마음속에 심각한 죄의식이 자리 잡고 있다는 걸 알게 되었다. 그리고 그 죄의식은 바로 성(性)과 관련된 것이었다. 어렸을 때의 그 경험도 큰 영향을 미쳤고, 무엇보다 직계가족 내 일이라서 더 아프고 깊숙한 상처로 남아 있다는 걸 알 수 있었다. 어린 내가 그런 일을 당했는데도 아무것도 모르는 채 나를 보호해주지 못했던 어머니에 대한 분노감도 뿌리 깊은 곳에 자리하고 있었다.

가족 생각만 하면 왜 그렇게 짜증이 나고 증오심이 끓어올랐는지, 그리고 결혼과 이혼 과정에서 왜 그렇게 고통스러웠는지에 대해 알게 된 것만으로도 다행이라고 생각한다. 하지만 이 문제를 어떻게 풀어야 할지는 모르겠다. 이 문제를 새삼 들춰낼 수도 없는 일이다. 아무리 싫고 증오스러운 가족이라 해도 가족은 가족이고, 가족을 파괴할 수는 없는 일 아닌가? 생각할수록 무력감이 들고 마음이 무겁다.

300년 이상의 근대화 과정을 통해 개인주의적 가치관이 확립된 서구와 달리, 우리는 아직도 가족이 우선인가, 개인이 우선인가 하는 원초적 질문 사이에서 헷갈리고 시행착오를 겪는 중이다. D씨가 남편에 대해 쓴 글도 가족주의적 가치관이 가지고 있는 모순점을 잘 보여주고 있다.

남편과는 말이 통하지 않는다. 시아버지를 미워하면서도 그 앞에서는 말 한마디 하지 못하고 쩔쩔맨다. 오십이 넘은 나이에 멀쩡한 일 그만두고 아버지 밑에 들어가서 일하겠다는 결심을 한 것도 (…) 못마땅했지만 그 나이에 아버지한테 말 한마디 하지 못하고 죽어 지낸다는 게 나로서는 이해가 가지 않았다. 보다 못한 내가 한마디 할 때마다 싸움이 됐다.

"아버님과는 거리를 두는 게 낫겠어. 다른 일을 찾아보든가…. 아버지한테 너무 의존하면 안 될 것 같아."

그럴 때마다 남편은 도끼눈을 뜨고 화를 냈다.

"무슨 말을 그렇게 해? 아버지인데… 가족인데…."

내가 물었다.

"왜 아버지와 거리를 두면 안 되는데?"

"아버지니까… 내가 장남이잖아."

"왜 그렇게 생각해?"

"아버지니까…."

항상 이런 식이다. 처음에는 농담하나 싶었는데 그게 아니었다. 정말 심각한 표정을 짓고 똑같은 말을 반복했다.

문제는 D씨의 남편 같은 사람이 의외로 많다는 점이다. 왜 가족 앞에는 무조건 좋은 수식어만 붙는지 모르겠다. 고귀한 사랑이라는 둥 어떤 경우에도 가족을 지켜야 한다는 둥 이상적인 가족에 대한 환상이 왜 그리도 많은지 모르겠다. 그러다 보니 겉으로는 멀쩡하고 행복해보이는 가족이지만 정작 그 안의 개인들은 지치고 퇴보하는 것이 아닐까 싶다. 그냥 피곤한 정도를 넘어서 마음의 상처가 되는 경우도 많은 것이 현실이다.

가족 사랑이라는 명목으로 개개인이 너무 많이 희생하거나 불행해지지 않았으면 좋겠다. 가족의 사랑이라는 것도 각양각색이어서 하루빨리 결별해야 하는 사랑도 있고 거리를 두어야 하는 사랑도 있다는 것을 인정해야 할 것이다. 가족을 위해 내가 참고 내가 희생한다는 식의 미덕의 덫에서 벗어날 필요가 있다.

융통성 있지만 명확한 경계가 필요하다

◇

우리 프로그램을 진행하면서도 새삼 느끼는 건 가족 간의 '경계 지키기'가 꼭 필요하다는 점이다. 오십이 다 된 사람들이 여전히 가족 때문에 상처받고 울고 마음을 다치는 일이 일어난다는 건 상당 부분 가족 간에 경계가 불분명하고 '거리 두기'가 제대로 이루어지지 않기 때문이다.

이 문제는 나이 들어갈수록 더 심각해진다. 우리 프로그램 참가자 중에도 자녀 때문에 마음고생이 심하지만 자식 욕하는 건 누워서 침뱉기라 참는다는 식의 하소연을 쏟아낸 사람이 여럿 있었다. 돈 달라, 손자녀 키워달라는 무리한 요구를 하는 자녀들 때문에 위협마저 느낀다는 내용도 있었다.

> 딸은 그동안 제멋대로 하고 싶은 거 다 하고 살면서 뭐 하나 물어보면 간섭하지 말라고 큰소리쳤다. 그러면서도 막상 자기가 아쉬울 때는 뭐 맡겨놓은 듯한 태도였다. 앞으로 태어날 아이 키워달라면서 "엄마가 도와주지 않으면 자기도 평생 엄마처럼 살아야 하는데 그래도 좋아?" "하는 일도 없으면서 너무 이기적인 것 아니야?"라며 협박하듯이 소리를 지르는데 기가 막혔다. 딸한테 무시당한다는 느낌도 들고 내가 잘못 살았다는 생각도 들었다. 억울하고 화나고 서러웠다. 지금 가장 힘든 건 딸에 대한 분노감을 털어놓을 데가 없다는 점이다. "괘씸하긴 하지만 할 수 없지 않냐? 하는 일도 없는데 그냥 도와줘야지"라고 말하는 남편도 꼴 보기 싫다. 친구들한테 말하기도 창피하다. 나 자신이 불쌍하고 그래서 우울하다. 실패한 인생 같아서.

오십은 자녀들과의 관계 설정에도 신경을 써야 하는 나이이다. 사실 나는 자녀 때문에 죽을 만큼 괴로워하고 그러면서도 누구한테 털어놓지도 못한 채 혼자 끙끙 앓는 노인들을 많이 만났다. 2000년대 초반에 일본에서 이루어진 연구이긴 하지만, 노인들의 극단적인 선택이 자식과 관련되어 있다는 연구 결과를 접한 적도 있다. 김동선의 책《야마토마치에서 만난 노인들》에 의하면, 가족과 동거하는 노인의 자살률이 그렇지 않은 노인보다 더 높고 우울 정도도 높은 것은 가족관계에서 오는 스트레스 때문이라고 한다. 즉 노인과 동거하는 자녀들이 겉으로는 희생과 배려를 강조하지만, 실제로는 적대감을 행동으로 표시한다는 것이다. 그리고 스트레스에 대한 대응능력이 부족한 노인들은 자녀의 적대적인 태도 때문에 상처를 받고 삶의 의지마저 상실하게 되고 분노감이나 공격성을 자녀에게 향하지 않으려 자제하다가 결국 우울증과 자살로 이어진다는 충격적인 이야기였다.

노인들의 자살문제는 우리에게도 심각한 사회문제다. 우리나라 노인의 자살률이 OECD 국가 중 가장 높은 수준이기 때문이다. 특히 고려대학교 박유성 교수 연구팀은 여자 노인의 자살이 '100세 시대'의 새로운 사망패턴을 보여주는 키워드가 될 것이라고 예측한 바 있다.

형제자매 간의 갈등 문제도 심각하다. J씨는 부모님

이 모두 돌아가시고, 남동생은 미국에 살고 있어서 남은 가족은 언니뿐이라고 한다. 문제는 언니를 만나는 게 점점 고통스럽다는 점이다. J씨의 글을 소개한다.

언니를 만나면, 아니 어떤 때는 잠깐의 통화만으로도 이삼일은 마음앓이를 해야 했다. 언니가 나쁜 사람인 건 아니다. 단 자기애가 지나치고 타인에 대한 배려가 부족하다. 언니는 나를 잘 안답시고 아무 말 대잔치를 한다. 그게 폭력과도 같다는 걸 잘 모른다. 한두 번은 그럴 수 있다고 쳐도 만날 때마다 똑같은 패턴이 계속 반복된다. 가장 힘든 건 시도 때도 없는 과거 이야기다. 넌 어릴 때부터 그랬어. 넌 어쩌면 그렇게 변하지 않니? 이런 식의 이야기. (…) 그런 소리 듣고 싶지 않다고 화를 내면 한술 더 뜬다.
"난 솔직해서 그래. 난 할 말은 하는 사람이야."
마치 자신이 대단히 정의로운 독립투사나 되는 듯한 말투다.
언니에게 가장 안타깝게 생각하는 점은 나에 대해 아는 것도 없으면서 잘 안다고 착각하는 점이다. (…) 차라리 나를 남 대하듯 대해주면 좋겠다. 동생이지만 잘 모른다. 그러니까 함부로 속단하지 말아야지, 말조심해야지, 이렇게 생각해주면 정말 좋겠다. 자매 간에도 거리 두기가 필요하다고 생각한다.

정신과 전문의 김혜남은 《당신과 나 사이》에서 가족이 가까운 만큼 서로의 약점을 잘 알기에 사소한 다툼이 큰 싸움으로 번지기 쉽고, 때로는 싸움에서 이기기 위해 상대방의 깊은 상처를 건드리기도 한다는 점을 지적했다. 가장 믿었던 사람이었는데 나중에 그것이 독이 되어 돌아오는 것이다. 결국 가족이 가장 큰 상처를 주는 이유는 상대방을 어떻게 아프게 만들 수 있는지를 너무 잘 알고 있다는 점 때문이다.

이 점에서 "동생이지만 잘 모른다, 그러니까 말조심해야지, 이렇게 생각해주면 정말 좋겠다"라는 J씨의 말은 일리가 있다. 2020년에 방영되었던 〈아는 건 별로 없지만 가족입니다〉라는 드라마의 제목처럼 한집에 살면서도 잘 모르는 게 가족이라는 걸 인정하면서 '가족이지만 잘 알지 못한다' '잘 모르기 때문에 더 노력해야 한다'는 태도를 가지면 좋을 것 같다.

"그렇다면 가족끼리도 사회생활 하듯 대해야 한단 말이냐?"라고 따지는 사람도 있는데, 난 그래야 한다고 생각한다. 사회생활 할 때 할 말 안 할 말 가리는 것처럼 가족끼리도 그래야 한다. 예의도 지키고, 말조심도 해야 한다.

더 근본적으로 필요한 건 가족 간에 '융통성 있지만

명확한' 경계를 지키는 것이다. 제아무리 소중한 가족이고, 사랑하는 부모, 자녀, 허물없는 형제자매라 할지라도 내가 주거나 나누고 싶지 않은 것을 요구할 때, 혹은 내 마음을 위협할 때는 분명하게 '경계'를 설정해 나 자신을 보호해야 한다. 그러려면 무리한 요구에 대해 세련되게 거절할 줄도 알아야 하고, 혹시 있을지도 모르는 학대나 위협에 대처하는 방법까지 두루두루 익혀둘 필요가 있다.

자신을 잃으면서까지 '관계의 미덕'을 쌓지는 말라고 말하고 싶다. 내가 원하지 않는 것을 끊임없이 행하고 요구하는 가족, 나의 안전을 위협하는 사건들과 나와의 '경계'를 지켜야 한다. 경계의 문턱에 보초를 세우고, 스스로 자신을 지켜야 한다.

왜 이렇게
화가 날까?

분노의 감정이 비롯되는 곳,
질투에 그 답이 있다

◇

A씨는 오십이 가까워지면서부터 부쩍 화가 난다고 썼다. 화내봤자 여러모로 좋을 게 없다는 건 잘 알고 있지만 분노를 조절하지 못해서 고민이라고 했다.

전에도 신경질은 좀 있는 편이었다. 하지만 최근에는

내가 보기에도 심하다 싶을 정도로 화가 많이 난다. 얼마 전에는 종로에서 툭툭 치고 가는 사람에게 큰소리로 화를 냈다. 그때 기분으로는 쫓아가서 한 대 때려주고 싶은 걸 억지로 참았다. 이렇게 화를 자주 내다 보니 얼굴마저 화난 얼굴로 변하는 것 같다. '올드미스 히스테리'라는 시선을 받기 싫어서 자제하려고 하는데도 번번이 실패한다.

요즘 나이를 불문하고 부쩍 화내는 사람이 많아지고 있다. 자동차 뒤쪽에 붙어 있던 '나도 내가 무서워요'란 문구가 전에는 애교 섞인 경고문이라고 생각했는데 요즘엔 그렇지 않다. 주변을 둘러봐도 왜 그렇게 화내는 사람이 많은지, 별것 아닌 일에 화를 폭발하는 사람들을 보노라면 걱정스럽다. 분노 범죄도 증가하는 추세이다.

하지만 다시 생각해보면 요즘처럼 복잡다단한 세상에 화를 안 내는 것도 이상한 게 아닐까 싶기도 하다. 누군가 우리 사회를 압축적인 근대화 과정에서 상실감을 가진 사람들이 마구 분노를 표출하는 '분노사회'라고 했는데, 일리 있는 지적이라고 생각한다. 주변을 돌아보라. 화날 일이 어디 한두 가지인가? 요즘 같은 세상에서 분노는 자연스러운 현상이며 삶의 일부라는 걸 실감하지 않을 수 없다.

그래서 나는 화가 났는데도 알아채지 못하고 자신의

감정에 꼭 맞는 언어를 부여하지 못하는, 일종의 '감정표현 불능증(Alexithymia)'에 걸린 사람, 혹은 화난 감정을 숨기고 억누르기만 하는 사람보다는 '내가 지금 화가 났구나'라며 자신의 감정을 알아차리고, "당신의 이러이러한 말과 태도 때문에 화가 나는군요"라고 차분히, 차근차근 말할 수 있는 사람이 훨씬 더 건강하다고 생각한다.

문제는 화가 너무 자주 나는 일이다. 화가 날 때마다 화를 표현하거나 분출하기도 힘든 세상 아닌가. 따라서 왜 이렇게 화가 나는지에 대해 스스로 귀를 기울일 필요가 있다. A씨는 분노가 어디서 오는지를 알기 위해 자신의 마음을 들여다보았고 뜻밖에 큰 깨달음을 얻었다고 했다.

이번 기회에 내가 왜 이렇게 화가 나는지 그 원인을 찾아보고 싶었다. 언제 제일 화가 나나? 내 마음을 가만히 들여다보았다. 못마땅한 정치나 회사 일, 내 뜻대로 되지 않는 세상사 같은 것들도 원인이긴 했다. 하지만 화를 폭발할 정도는 아니었다. 내가 가장 화를 많이 내는 대상은 가장 가까운 사람들이었다. 한마디로 헤어지기 힘든 사람들, 가족, 가까운 친구들이었다. 그들을 보면 나도 모르게 뾰족한 말이 튀어나오고 심술을 부리며 화를 폭발했다. 그들이 슬금슬금 내 눈치를 보면서 피하는 걸 보고 있노라면 화가 더

치밀었다.

이번에 많이 생각해보았다. 나는 왜 그들에게 화를 낼까? 처음에는 무조건 그들의 문제라고 생각했다. 자기들 어려울 때는 도움도 주고 성의를 보였는데, 나한테 돌아오는 건 별로 없으니 화내는 게 당연하다고 생각했다. 한마디로 나한테 잘해주리라 기대했던 사람들이 나를 배신했다고 느낀 것이다. 그런데 이번에 다시 생각해보니까 가족이나 친구 중에도 나보다 가난하거나 능력이 없거나 상황이 좋지 못한 사람에게는 화가 나지 않았다. 화내기는커녕 그들을 도와줄 때도 많다. 반면에 나보다 잘살고 잘나가고, 능력도 많은 가족이나 친구한테는 막무가내로 화가 났다. 정확히 말하면 화보다는 심술이 난다는 게 더 정확한 것 같다. 이런 심정이었다.

'흥, 가진 것도 많으면서, 나한테 해주는 게 뭐 있어? 겨우 이 정도야?'

곰곰이 따져봤다. 아니 그들이 잘살고 행복하고 돈도 잘 쓰는 게 나랑 무슨 상관인가? 그들이 왜 나한테 잘해줘야 하는가? 나한테 빚을 진 것도 아닌데 왜 나한테 쩔쩔매야 하나? 게다가 내가 준 것 이상을 바라는 이 마음은 뭔가? 나는 1을 줬지만 너는 나한테 10을 줘야 해, 왜냐구? 넌 나보다 돈도 많고 행복하니까…?

이건 날강도 억지 아닐까?

결국 내 안에 시기, 질투, 열등감, 특히 뭔가를 거저 얻으려는 거지 근성 같은 게 복잡하게 얽혀 있다는 걸 인정할 수밖에 없었다. 남들이 가진 건 다 거저 얻은 것 같고, 남들은 고생도 안 하는 것처럼 보이고, 그에 비해 난 노력한 만큼만 겨우 얻을 수 있는 불쌍한 사람이고, 그들에 비해 가진 게 없는 초라한 사람이라는 자기 인식이 내 마음 밑바닥에 깔려 있었다. 그래서 시도 때도 없이 화가 났던 것이다.

A씨의 자기성찰은 날카로우면서도 솔직하고, 한마디로 매우 인상적이었다. 그의 글은 '분노는 마음의 거울이며, 나의 한계를 드러내주고 무언가 잘못되어 가고 있다는 걸 알려주는 시그널'이라는 심리학자들의 주장을 설득력 있게 입증해주었다. 《디퓨징: 분노 해소의 기술》의 저자 조셉 슈랜드와 리 디바인도 말한 바 있다. 분노는 다른 사람이나 자신의 행동을 변화시키기 위해 생겨난 감정이라고. 분노의 발화점과 방향을 읽어낼 수만 있다면 그 힘을 활용하여 자신의 행동을 변화시킬 수 있다는 의미이다. 따라서 분노는 내가 어디로 가야 하는지를 알려주는 지도 역할을 할 수도 있다.

슈랜드도 '질투'에 힌트가 있다고 강조했다. 질투란

기본적으로 내가 하고 싶거나 가지고 싶지만 그러지 못할 때 생겨나는 감정이다. 하고 싶지만 행동으로 옮길 용기가 없는 어떤 것에 대한 아쉬움, 나도 가지고 싶었는데 가질 수 없던 것을 누군가 가지고 있을 때의 화나는 감정 혹은 열등감, 하고 싶은데 미처 하지 못한 것을 다른 사람이 버젓이 해버렸을 때 느끼는 좌절감, 이 복잡한 감정들이 얽히고설킨 것이 질투이다. 따라서 질투심을 자세히 들여다보면 내가 하고 싶은 것, 원하는 것, 가지고 싶은 것, 이루고 싶은 것, 되고 싶은 것이 무엇인지 알 수 있다.

따라서 화가 나거나 질투심이 생길 때 자기 마음을 모르는 척하거나 외면하지 말아야 한다. 그보다는 분노나 질투심에 귀를 기울여보자. 그것들을 잘 따라가면 내가 원하는 것이 무엇인지, 어떻게 살고 싶은지, 어디로 가고 싶어하는지를 알 수 있으니까 말이다.

분노, 올바르게 분출하라

◇

문제는 만성적인 분노감이다. 항상 화가 나 있고 사소한 좌절에도 비효율적으로 무의미하게 분노를 터뜨린다면 그건 심각한 문제이다. 토마스 무어는 만성적인 분노에

대해, 자신을 짜증나게 하는 외부에 대한 반응이 아니라 수
년 전부터 쌓여온 좌절감에서 비롯된 것으로서 적절한 표
현을 찾지 못한 감정이라고 주장했다. 이런저런 이유로 자
신의 삶을 살 수 없을 때, 자신이 원하는 일, 해야 할 일을
할 수 없을 때, 자신을 온전하고 정확하게 표현할 수 없을
때, 순응하기를 원하는 세상에서 자기 자신으로 존재할 수
없을 때 만성적인 분노감에 빠지게 된다는 것이다.

K씨는 여든 가까운 어머니의 만성적인 분노감이 자
신과 가족 전체에 미친 영향에 대해 자세히 쓰면서 노년의
분노가 얼마나 심각한지에 대해 실감했다고 한다.

> 부모님을 보면서 분노가 얼마나 무서운지 실감하고
> 있다. 분노에도 총량의 법칙이라는 게 있는지 불과
> 몇 년 전까지만 해도 아버지가 걸핏하면 화를 내서서
> 집안 분위기가 어두웠는데 최근에는 엄마가 열 배는
> 더 화를 내고 가족들을 괴롭힌다.
> 엄마가 화를 내는 이유는 백 가지도 넘었다. 어렸을
> 때 차별받은 일, 아버지(외할아버지)한테 맞고 자란 일
> 부터 남편(아버지) 때문에 속 썩은 일, 자식들한테 섭
> 섭한 일 등등. 얼마 전까지만 해도 나도 살기 바쁘고
> 힘들어서 엄마가 그런 말을 하면서 화를 폭발할 때마
> 다 모르는 척하거나 대꾸하지 않거나 너무 그러지 마

시라면서 야단치듯이 말했었다. 설마 시간이 지나면 좀 나아지겠지, 생각했다.

그런데 작년에 엄마가 A4 용지 10장 분량의 편지를 써서 등기우편으로 보내왔을 때 가슴이 철렁 내려앉았다. 생각했던 것보다 사태가 심각했다. 엄마는 편지에 남편과 자식들에게 섭섭했던 일을 깨알같이 적어 놓았다. 아니 섭섭한 정도가 아니라 증오심이라고 하는 편이 더 맞는 것 같았다. 이런 내용도 있었다. 아무리 화를 안 내려고 해도 자꾸 화가 난다, 너무 슬퍼서 화가 난다, 나쁜 생각을 안 하려고 해도 자꾸 생각이 나서 너무 괴롭다, 내가 죽든지 누구를 죽이든지 해야 끝이 날 것 같다….

결국 몇 차례의 가족회의를 거친 후에 친정 식구들은 뿔뿔이 헤어졌다. 부모님과 동생네가 함께 살던 큰 아파트를 팔아서 부모님은 각각 작은 아파트를 얻어서 별거에 들어갔고, 동생네는 분가했다. 일흔이 넘은 나이에 작은 아파트에서 혼자 밥해 드시는 아버지를 보는 것도 괴로운 일이지만 다른 방법이 없었다.

정신과 의사 정혜신은 《당신이 옳다》에서 분노감이 '자기 존재감'의 문제와도 연결되어 있다고 지적했다. 나의 존재를 확인받고 존중받고 싶은 욕구는 큰데 현실은 그렇지 못하기 때문에 욕구와 현실 간의 괴리감으로 힘들어하고, 이런 감정을 소통할 길이 없어서 엉뚱한 순간에 화가 폭발한다는 것이다. 그리고 자기 존재가 소멸된다는 느낌이 들 때 폭력을 쓰는 경향이 있다고 지적했다. 폭력이 자기 존재감을 극대화하는 가장 확실한 방법이기 때문이다. 누군가에게 폭력적 존재가 되는 순간 상대의 극단적인 두려움 속에서 자기 존재감이 폭발적으로 증폭되는 걸 느낀다고 경고했다.

그렇다면 분노를 어떻게 건전한 방식으로 표출할 것인가? 앞에서도 말했지만 화내야 할 때 무조건 참는 것보다는 화를 내는 게 낫다. 하지만 별것 아닌 조그만 일에 고래고래 소리를 지르거나 화를 폭발하면서 가족이나 타인에게 피해를 주어서는 안 된다. 토마스 무어는 베개를 탕탕 친다거나 큰소리로 외치거나 비명을 지르거나 울거나 고함치는 식의 '분풀이 요법'도 큰 효과가 없다고 말한다. 그보다는 좌절감을 불러일으켰던 사건에 대해 반복적으로 이야기하면서 분노를 가라앉히는 것이 낫다고 주장한다.

앞에서 설명했던 자기 존재감의 문제로 인한 분노라면 감정을 폭발하거나 폭력을 사용하는 식의 부정적인 존재감 표출방식으로 이어지지 않도록 주의해야 한다. 분노를 과하게 쏟아내면 낼수록 나 자신의 존재감이 작아지기 때문이다. 지나친 자기 연민이나 남을 탓하는 말, 폭언도 마찬가지다. 《기막힌 존재감》의 저자 앤드루 리가 지적하듯이 존재감의 최종 목적은 결국 상대방을 내 편으로 만드는 것인데, 부정적 존재감으로는 그런 목적을 달성할 수가 없다. 화내는 본인도 행복해지기는커녕 더 불안하고 우울해지기 십상이다.

존재감을 높이기 위해서는 소통 능력을 키울 필요도 있다. 상대방에게 내 생각을 잘 전달하는 능력 말이다. 누군가에게 화를 낼 때 마음속에서 정말 하고 싶었던 이야기는 '제발 나한테 관심을 가져줘. 내 맘도 좀 알아줘!' 같은 것이 아닐까? 이런 마음속 이야기를 간결하고도 분명하게 전달할 필요가 있다.

앞으로 수명이 길어질수록 화나고 좌절할 일은 점점 더 늘어날 것이다. 신체적, 심리적, 사회적 노화와 함께 찾아오는 좌절감과 무력감에 어떻게 대처할 것인가, 분노를 어떻게 표출하고 다스릴 것인가, 어떻게 부정적인 감정을 최소화하고 좋은 기분을 유지할 것인가가 점점 더 중요한 과제로 떠오를 것이다.

K씨는 어머니의 분노감 표출과 그로 인한 가족 문제를 경험하면서 힘들고 잃은 것도 많았지만 자기 자신의 노후에 대해 진지하게 생각해보는 계기가 되었다고 했다.

그동안 너무 힘들어서 직장 빨리 그만두고 쉬고 싶은

마음뿐이었다. 그저 여행이나 다니면서 마음 편히 놀고 싶었다. 그런데 엄마를 보면서 그게 아니라는 걸 알았다. 엄마처럼 가슴속에 잠재되어 있던 모든 분노를 폭발하는 노년을 보낸다면? 슬퍼서 화가 난다면? 공격적이고 폭력적인 노인이 된다면? 생각만 해도 끔찍했다. 그럼 나는 어떻게 살아야 할까? 보다 근본적인 해결책은 뭔가 몰두할 수 있는 일, 의미 있는 일을 하면서 즐겁게 사는 거라는 결론에 도달했다.

'나'라는 반세기
보물상자:
다음 50년을 피워낼
다섯 가지 희망에 대하여

4장.

이 장에서는 자기 역사 쓰기를 마친 사람의 가슴속에 싹트는 희망에 대해 다루고자 한다. 자기 역사 쓰기를 다 마쳤다면, 그래서 자신이 누구인지를 배울 수 있었고 오래 묵은 상처도 치유했다면, 이제 당신은 다음 50년을 피워낼 희망에 대해 말할 자격을 갖춘 셈이다.

물론 자기 역사를 쓴다고 해서 그동안 없던 희망이 갑자기 생긴다고 말하려는 건 아니다. 자기 역사 쓰기를 마치자마자 인생의 장애물이나 위험이 모두 사라질 거라고 말하는 것도 아니다. 혹은 형이상학적인 뜬구름 같은 이야기를 장황하게 늘어놓으려는 것도 아니다.

하지만 오십은 희망을 소중히 다루고 가꿔나가야 하는 나이이다. 희망을 포기하기엔 너무 젊은 나이인 것이다.

자기 역사를 쓰면서 스스로 아름답게 키워온 보물상자의 존재를 깨달았다면, 그 속에 들어 있는 오색찬란한 보물을 손에 쥐고 다음 50년을 살아갈 새로운 씨를 뿌려볼 시기라고 확신한다.

　중요한 건 희망에도 '기술'이 필요하다는 점이다. 에리히 프롬이 그 유명한 책 《사랑의 기술》에서 사랑의 실패가 반복되는 이유는 사랑을 '받는 것'으로, 혹은 '대상의 문제'로만 생각하기 때문이다, 사랑에도 지식과 노력이 필요하다고 주장했던 것처럼, 희망도 그러하다. 희망에 대한 막연한 생각만으로는, 혹은 희망이 제 발로 찾아와주고 그대로 이루어지기를 기대하는 것만으로는 충분치 않다. 희망을 구체적으로 좇을 수 있는 지식과 노력이 중요하다. 희망을 찾고 설계하고 간절한 마음으로 계획을 실천해가는 노력이 필요한 것이다.

　자기 역사 쓰기를 통해 자신을 배우고 진실의 순간을 접했던 경험들이 희망의 기술을 찾는 데도 유용하게 작용할 것이라고 믿는다. 스스로 추구하고자 하는 행복과 현실 사이의 간극을 잘 인지하고, 낡고 쓸모없는 것들을 치우고 자신에게 어울리는 길을 선택한다면 강인하면서도 실현 가능한 희망을 향해 나아갈 수 있으리라고 확신한다.

첫 번째 희망:
나와의 관계가 좋아졌다

○ 그동안 엄청난 갈등과 좌절 속에서 살아왔다고 생각했는데, 나에 대해 쓰고 보니 생각보다 내가 괜찮은 사람이구나 싶었다. 게다가 의외로 내 인생에도 평화로운 구석이 많이 숨어 있었다.

○ 나의 아픈 과거를 다 쏟아내고 보니 붉은 핏빛처럼 섬뜩했던 상처의 색깔이 한층 옅어진 느낌이다. 그동안 자기연민이 너무 심했다. 그렇게까지 상처받을 일은 아니었는데….

○ 유년기와 20대, 30대, 40대를 돌아보면서 지금의 내가 과거의 나를 바라보며 지지하고, 응원하고, 사랑할 수 있어서 행복했다. 이제까지 버텨낸 것만으로도 대단하다.

○ 한마디로 나와의 관계가 좋아졌다.

자기 역사 쓰기를 다 마친 후에 참가자들이 '후기'에 쓴 내용이다. '먼저 쓰는 후기'를 통해 밝혔던 자기 역사 쓰기의 목적을 다시 펼쳐보고 그 목적을 얼마나 잘 달성했는지, 성과가 있었는지, 있었다면 어떤 성과가 있었는지, 자기 역사 쓰기를 마친 지금의 느낌은 어떠한지에 관해 쓴 글을 공유하고, 자연스럽게 '앞으로 어떻게 살 것인가'라는 미래에 관한 이야기도 나누는 자리에서였다.

더 늦기 전에 자신의 인생을 정리해보고 싶었다는 사람, 자신이 어떤 사람인지 알고 싶었다는 사람, 상처를 털어놓을 곳이 필요했다는 사람, 아이들에게 자신이 살아온 이야기를 남기고 싶었다는 사람 등등…. 대부분 자신이 목표했던 것들을 상당히 이루었다는 내용이 많았다.

하지만 그중에서도 가장 인상적인 내용은 "나와의 관계가 좋아졌다"는 것이었다. 나와의 관계가 좋아졌다는 건 내가 쓴 나의 인생 이야기를 통해 나 자신을 이전보다 더 긍정적으로 인식하게 되었다는 것을 의미한다. 즉 이 작업을 통해 나에 대한 긍정적인 스토리가 내 머릿속에 자리 잡게 되었고, 그래서 내 인생을 더 나은 프레임을 통해 바라보게 되었다는 의미일 것이다.

그뿐인가. '나와의 관계가 좋다는 것'은 이 세상에서 가장 중요한 행복의 조건이라고 생각한다. 행복에 관한 거의 모든 연구들은 말한다. 행복은 '관계'에서 나온다고. '좋아하는 사람과 함께 맛있는 음식을 먹는 것'이 행복이라는 주장도 있다. 이 주장에 100퍼센트 동의하는 건 아니지만 '맛있는 음식을 먹는 것'보다 '좋아하는 사람과 함께'라는 앞부분에 더 방점이 찍혀 있는 주장이라는 점에서, 즉 관계의 중요성을 말한다는 점에서는 수긍하는 편이다. 북유럽 사람들의 행복 비결 중 하나로 자주 거론되는 '친구들과 달콤한 디저트 먹기'와 비슷하다고 생각한다.

하버드대학교에서 75년 동안 724명을 대상으로 실시한 '그들은 어떻게 오래도록 행복했을까?'라는 질문에 대한 추적 연구 결과도 마찬가지다. 돈이나 권력보다는 좋은 인간관계를 가진 사람이 더 행복하고 더 건강하다는 것이다. 돈으로 사랑을 표현할 수는 있지만 돈으로 진짜 사랑을 살 수는 없기 때문이다.

즉 행복하기 위해서 돈보다 중요한 건 '관계'이다. 그런데, 의문은 남는다. 그 관계가 '누구와의 관계인가?' 하는 점이다. 가족이나 타인과의 관계일까?

난 아니라고 본다. 타인과의 관계에서 오는 행복은 100퍼센트 다 믿을 수는 없다. 온전한 내 것이 아니기 때문이다. 그래서 남이 주는 행복은 고맙지만 큰 의미가 없고, 오래가지 못한다. 그럼 누구와의 관계가 중요할까? 바로 나 자신이다. 나 자신과의 관계가 좋은 사람이 행복하다고 생각한다. 내가 나를 얼마나 믿고, 나 자신에게 얼마나 깊이 몰입하고, 나 자신과 얼마나 사이좋게 지내는가가 훨씬 중요하다.

영국 일간지 〈타임스〉가 '가장 행복한 사람'에 대한 정의를 현상 공모했을 때 1위, 2위, 3위로 뽑힌 정의는 아래와 같다.

1위. 모래성을 막 완성한 아이
2위. 아기의 목욕을 다 시키고 난 어머니
3위. 세밀한 공예품 장을 다 짜고 나서 휘파람을 부는 목공

어떤가. 가장 행복한 사람은 각자 자기 자신이라는 존재 그대로, 있는 힘껏 몰입하고 즐기면서 사는 사람이라는 생각이 들지 않는가? 다른 사람들에게 '능력 있고 좋은 사람'처럼 보이지만 집에 돌아와서 공허감에 몸을 떠는 사람보다 혼자 있을 때도 온전한 만족감을 느낄 수 있는 사

람이 더 행복하다. 남이 하는 칭찬보다 스스로 나에게 해주는 칭찬이 더 정확하고 소중한 것과 마찬가지다. 한마디로 자기 자신과 사이가 좋은 사람이 더 행복하다.

내가 좋아하는 작가 마크 트웨인은 말했다. 최악의 외로움은 자기 자신이 불편하게 느껴지는 것이라고.

모범생 코스프레는 이제 그만!

◇

우리 프로그램에 참여한 오십 즈음의 사람들을 처음 만났을 때만 해도 윗세대, 이를테면 베이비붐 세대나 586 세대 사람들과는 여러 면에서 많이 다를 거라고 생각했다. 즉 1955~1963년에 출생한 베이비붐 세대나 60년대에 태어나서 80년대에 대학을 다니면서 학생운동과 민주화 운동에서 주도적인 역할을 했던 586세대 등과는 달리, 훨씬 더 자기 자신을 소중히 여기고 자신을 잘 돌보는 삶을 살고 있을 거라고 막연히 짐작했다. 왜? 1970년대에 태어 났으니까. 이들은 윗세대에 비해 경제성장과 민주화가 된 사회의 혜택을 훨씬 더 많이 누렸고, 문화적인 풍성함과 다양성도 충분히 경험한 사람들이다. 그래서 외형적으로도 이전 세대에 비해 훨씬 더 자기 인생을 능숙하고 자유롭게,

독립적으로 운용하는 것처럼 보였다. '이상한' 옷을 입고, '이상한' 머리를 하고, 서태지의 노래를 즐겨 듣던 새로운 인류, 'X세대'와도 접해 있는 사람들이 아니었던가.

하지만 막상 오십 즈음의 사람들을 만나고, 역사 쓰기를 이끌어본 나의 느낌은 이들 역시 '모범생 심리'를 가지고 있다는 점에서 윗세대와 크게 다르지 않다는 점이다 (물론 우리 프로그램 참여자들이 유난히 모범생의 특성을 가지고 있을 가능성도 배제할 수는 없다). 여전히 부모에 대한 의무감도 크고, 가족, 특히 자녀에 대한 책임감이 강하며, 국가와 사회에 대한 책임감도 큰 편이라는 인상을 강하게 받았다. "무조건 열심히만 해. 그러면 뭐든 잘될 거야!"라고 강조하는 부모 세대의 말을 새겨듣고 그들이 원하는 방식으로 살아온 사람도 많았고, 어릴 때부터 책에 쓰인 그대로 열심히 살려고 노력해온 사람도 많았다.

객관적으로 볼 때 여러 가지 좋은 조건과 능력을 갖춘 M씨는 친구들에게도 하지 못한 이야기라면서 자신의 감춰진 속마음에 대해 공개했다.

내가 매사에 열심을 보였던 근저에는 두려움이 있었다. 능력 있고 엄격한 부모 밑에서 '못났다' '못생겼다'는 소리를 자주 들으며 자랐다. 그래서 내가 열심히 노력하지 않으면 인정받거나 사랑받지 못할 것이라는 두려움이 있었던 거다.

그런가 하면 L씨는 나이가 들수록 자신이 뭘 좋아하는지, 뭘 하고 싶은지에 대해 자신 있게 말하기가 힘들었는데, 이번에 역사 쓰기를 하면서 그 이유가 부모님이나 가족, 사회에 대한 책임감과 부담감, 부채감, 죄책감 때문이라는 걸 깨달았다고 한다.

이번에 역사 쓰기를 하면서 내게 모범생 콤플렉스 같은 게 있다는 걸 알았다. 장애를 가진 오빠 대신 부모님에게 번듯한 자식 노릇을 해야 한다는 책임감과 부담감, 내가 이룬 가족, 직장과 사회에 대한 부채감 등등…, 모두에게 받은 것 이상으로 되돌려주고 싶은데 그러지 못하고 있다는 죄책감이 있었다. 이런 것들 때문에 정작 내 마음에 귀를 기울일 만한 여유를 가질 수가 없었던 것이다. 이번에 이런 나를 이해하고 다독여줄 수 있어서 좋았다. 이제 내 나이 쉰둘, 모범생 콤플렉스에서 벗어나 자유로워져도 된다는 생각을 처음 해봤다.

사실 이해는 한다. 가족과 타인, 사회에 대한 의무는 대부분의 사람들에게 공통되게 주어지는 인생의 과업이다.

지금의 오십 즈음의 사람들이 이전 세대에 비해 '자유'와 '독립'의 가치를 더 많이 체득하고 있는 건 사실이지만, 이들 역시 가족과 타인, 혹은 사회 중심의 삶으로부터 자유롭기는 힘든 것 같다. 그래서 자기 자신의 욕구나 선호는 미루어둔 채 가족이나 직장 동료와의 관계를 더 중요시하며 살아온 것이다. 세상의 논리, 타인의 논리, 조직 생활의 논리에 휩쓸리고 순응하며 모나지 않고 둥글둥글한 사람으로 살아가고 적응하려고 노력한 결과일지도 모른다.

그러다 보니 자기가 진정 원하는 걸 실행했을 때 가족이나 친구들이 보일 반응이 두려워서 포기하는, 한마디로 지나치게 착하고 성실하고 친절한 사람들이 생각보다 많은 것이다.

하지만 오십은 온몸에 힘주고 심각한 표정을 지으며 팍팍하게 살지 않았어도 지금 정도로는 살아남았을 거라는 사실도 알 수 있는 나이 아닌가. 그러니 지나치게 온몸에 힘주며 살지 말라고 말하고 싶다. 노래를 부르거나 운동을 할 때처럼 힘을 빼고 살라고 말해주고 싶다. 일생을 경주마처럼 애쓰며 살면 나중에 후회할지도 모르는 일. 아, 이럴 줄 알았으면 진작 설렁설렁 살았을 텐데, 아등바등하며 목에 힘주고 살지 않았을 텐데, 하며 뒤늦게 후회하지 않기를 바란다. 남들의 인정보다 더 좋은 건 내가 나를 인정하는 것이라는 사실도 잊지 말자.

나는 나를
좋아한다

◇

오십이란 나이는 중요한 분기점이다. 오십이 넘어서도 자신을 내버려둔 채 타인 위주의 삶을 살 것인가? 타인의 요구는 다 들어주면서 정작 자신의 인생은 누리지 못하고, 자기를 돌보는 일에는 게으른 그런 사람이 되고 싶은가? 나이가 들어서도 여전히 타인에게 나의 행복을 의탁하는 삶을 살고 싶은가? 이젠 이런 질문을 스스로에게 던져보고 솔직하게 대답해야 할 때다. 이 점에서 L씨가 '후기'에서 쓴 글은 의미 있는 것이었다.

전에는 하기 싫은 일, 만나기 싫은 사람에 대해 '아니오'라고 말하기가 쉽지 않았고, 아주 가끔 '아니오'라는 말을 할 때마다 마음 한편으론 나밖에 모르는 이기적인 사람, 가족과 사회에 대해 의무를 다하지 않는 사람, 뭔가 인생의 과업에 충실하지 않은 사람인 것처럼 느껴져서 은근히 마음이 불편하고, 죄책감이 들 때도 있었다.

하지만 역사 쓰기를 하면서, 이제 나도 오십인데, 내 마음이 움직이는 대로 자유롭게, 위풍당당하게 걸어가야겠다고 결심하게 되었다. 가족이나 다른 사람들에게 휘둘리지 않고, 오로지 내 마음이 시키는 대로 내 삶의 한가운데를 가로지르며 걸어가고 싶다. 매사에 '네 알겠습니다. 그렇게 하겠습니다'라고 대답하던 습관, 매사에 책임감이 강한 사람으로 보여야 한다는 부담감도 줄이고 싶다.

오십이 넘어서도 자기 자신을 '행인1', '행인2'처럼 취급하는 사람을 보면 불쌍하다는 생각마저 든다. 자기 자신에게 야박하고 조그마한 사치도 허용하지 않는 사람을 보면 그렇게 위태로워 보일 수가 없다.

더욱이 지금은 100세 시대, 수명은 길어지고, 나 혼자 사는 1인 가구도 증가하는 지금, '어떻게 혼자서 잘 살 수 있을까?' '누가 끝까지 나를 돌봐줄까?' '누가 내게 삶의 기쁨이 남아 있다고 말해줄 수 있을까?'라는 질문은 모두에게 필수적이다. 경제적으로뿐만 아니라 심리적으로도 독립적이어야 자신을 스스로 돌보며 잘 지낼 수 있고, 자신을 잘 돌볼 수 있어야 자식이나 가족을 포함한 타인과도 건강한 균형 관계를 유지하면서 잘 살아갈 수 있을 것이다.

인본주의 심리학자로 유명한 로저스(C. Rogers)는 말년에 남긴 글에서 그동안 자신을 돌보는 것보다 다른 사람을 돌보고 보살펴주는 것을 더 잘해왔지만, 나이가 들면서 자신을 더 많이 돌보게 되었다는 점을 고백한다. 그의 아내가 병으로 먼저 사망했다는 사실을 감안할 때, 그는 병든 아내를 오랫동안 돌봐왔던 것으로 보인다. 그는 그동안은 책임감이 매우 강한 사람으로 살아왔지만, 자신의 몸도 약해지면서 스스로를 돌볼 필요를 느끼게 되었다는 점을 이야기했다. 이렇게 자신을 돌보게 되면서 그는 죄책감을 느끼지 않고 편안하게 무책임할 수 있다는 사실과 함께, 자신이 자기 자신과 함께 있는 것을 매우 즐긴다는 것을 알게 되었다고 말한다.

"나는 나를 좋아한다. 나는 나 자신의 욕구가 무엇인지 알아보았고, 그것을 충족시키려고 하였다. 내가 살아남기 위해서는 나 자신의 삶을 살 필요가 있다는 것을 깨달았고, 비록 아내가 매우 아프지만, 내 삶을 사는 것이 우선되어야 한다는 걸 깨달았다."

로저스가 말년에 남긴 글이 우리에게 가르쳐주는 것은 나이가 들수록 '건강한 자기중심성'이 필요하다는 점이다. 건강한 자기중심성이란 본인의 가치와 독특성을 존중하고 사랑하며, 자신을 소중히 여기고 돌보는 태도이다. 이는 다른 사람뿐 아니라 자기 자신조차 진정으로 사랑하지 못하기 쉬운 '이기적인 자기애'나 혹은 다른 사람을 위해서만 살 뿐 자신을 위해서는 아무것도 바라지 않는 '타인 중심적 비이기성'과는 구별되는 것이다.

누가 나를 위하고 사랑해줄까, 누가 나를 응원해줄까,

누가 내게 기쁨과 즐거움을 줄까. 나 자신이 나를 위하고 사랑해야 한다. 내가 나를 응원해야 한다. 나 자신으로부터 기쁨과 즐거움을 찾아야 한다. 일단 내가 내 편이 되어야 한다. 그들에게는 그들의 삶이, 내게는 나의 몫이 있다. 그들에게 최선을 다하면서도 내 감정에도 솔직해져야 한다. 신기한 건 내가 나 자신을 위하면 위할수록 가족이나 남들에게도 더 큰 사랑을 줄 수 있으며, 또 그들로부터 더 큰 사랑을 받을 수 있다는 사실이다.

그러니 오십부터는 자기 마음을 들여다보는 시간을 늘려보자. "나는 이렇게 느끼고… 저렇게 느낀다…" 이렇게 솔직하게 말해보자. 자기 스스로에게 안부를 묻는 시간을 마련해보자. 내 마음에 똑똑 노크를 하고 말을 걸어보자. 내 마음 안에 어떤 감정들이 방치된 채 먼지가 잔뜩 쌓여 있지는 않은지, 유독 어떤 감정을 외면하는 건 아닌지… 혼자 있는 시간, 즉 창조적 고독의 시간을 가져보자.

오십부터는 자신의 욕구를 편안하게 인정하고 받아들이라. 해보고 싶은데 하지 못한 게 있다면 지금부터라도 시작해보자. 이제부터는 당신 스스로를 이끌고 스스로를 돌보는 삶을 살아야 한다. 그러기 위해 자신의 삶에 더 집중하고, 그동안 열심히 살아온 것에 대한 성과를 스스로에게도 돌리고 자기 자신을 중심으로 하는 삶을 살라.

나라는 존재 그대로, 있는 힘껏 즐기며 살아보자. 내

안의 보물상자에서 보물을 꺼내고 나 자신을 위해 사용해
보자. 손님 오면 쓰려고 아껴둔 찻잔, 그릇들, 다 꺼내서 가
장 소중한 나를 위해 사용해보자.

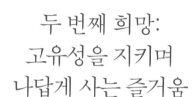

두 번째 희망:
고유성을 지키며
나답게 사는 즐거움

　　'고유성'이라는 단어를 가장 많이 언급한 사람은 Z씨였다. 그는 전기도 들어오지 않던 충청도 산골 마을에서 태어나 서울 한복판의 큰 회사에서 매거진 에디터로서 자리를 잡기까지 다이내믹한 '성장 스토리'를 가진 사람이었다. 하지만 그는 자기 역사 쓰기를 하는 과정에서 성장이나 성공에 대한 내용보다는 자신이 어떻게 고유성을 잃게 되었나에 대해 고민하는 데 더 많은 시간을 보냈다고 고백했다. 온갖 세파에 휩쓸리면서 자기 안에 있던 고유의 특성, 고유의 에너지, 고유의 향기를 잃어버린 채 넉살 좋고 오지랖 넓은 직장인으로 '과잉 사회화'된 자신에 대한 안타까움이 워낙 크게 다가왔다는 것이다. 그런 의미에서 그는 자기 역사 쓰기가 자신 안에 있던 고유성을 되찾는 계기가 되기를 희망한다고 썼다.

오십이 가까워지면서 문득문득 '나는 지금 잘 살고 있나?' '내 삶의 행로나 궤적이 올바른가?' 고민이 많아졌다. 남들이 좋다고 하는 걸 다 좇으며 살았는데 왜 이렇게 불행하지? 이런 느낌도 들고, 무엇보다 내가 나 같지가 않을 때가 많았다. 직장 경력이 쌓일수록 뭔가 중요한 게 사라지고 있다는 느낌이 있었는데 그게 바로 나 자신이었음을 알게 되었다.

얼마 전에 스무 살쯤에 처음 만났던 선배를 우연히 만났는데, 나를 보자마자 스무 살쯤의 내가 팔딱거리는 고등어 같았다고 말하는 것이었다. "갑자기 웬 고등어?"라며 웃어넘겼지만 그게 어떤 느낌인지 알 것 같았다. 지금의 내가 그 시절의 나를 만나도 그런 말을 할 것 같다. 지금의 나한테서는 찾아보기 힘든 싱싱한 생명력과 엄청난 에너지 같은 것, 산 좋고 물 좋은 곳에서 태어나고 자란 사람들한테서만 느껴지는 어떤 고유한 힘에 관해 말하고 싶었던 것이리라.

이번에 나의 과거를 쓰면서 가장 좋았던 것은 나도 몰랐던 여러 명의 나를 들여다보면서 나의 고유성에 대해 생각해보는 시간을 가졌다는 점이다. 그동안 솔직히 고향을 외면하면서 살았다. 부모님처럼 살고 싶은 마음은 추호도 없었기 때문이다. 미련하고 촌스러운 삶이라고 생각했다. 혹시 다시 태어난다면 서울의 중산층 가정에서 태어나보고 싶다는 유치한 생각도 많이 했다. 그런데 이상했다. 시간이 갈수록 부모님이 닦아놓은 길을 걷고 있다는 느낌이 든다.

오십부터는 나의 고유성을 되찾는 삶을 살고 싶다. 남들처럼 사는 거 말고, 요즘 잘나가는 거 말고, 그냥 나로 살고 싶다. 좀 거창하게 말하면 나라는 존재의 가치나 소명을 찾고 싶다. 이젠 그동안 내가 뒤집어썼던 다양한 페르소나 중에 가장 핵심적인 것에 집중해야 할 때다.

고유성의 중요성을 강조한 실존철학의 아버지 키르케고르는 헤겔의 이론을 비판할 때 언제나 마지막에 이런 식의 질문을 던졌다고 한다.

"그래, 너무나 좋은 이야기인데, 너의 이야기는 어디 있니?"

"네 말대로 되면 참 아름다운 세상이겠다. 그런데 어

째서 그 세상에 너는 안 사는 거니?"

"다 있는데, 왜 너만 없니?"

한마디로 나의 삶이 아닌 남의 삶을 사는 것을 비판한 것이다. 키르케고르는 지금 이렇게 존재하고 있는 우리의 존재 방식은 대체 불가능한 것이며, 대체 불가능한 이것이야말로 인간의 특성이라고 주장했다. 바로 인간의 핵심적인 특성을 고유성이라고 표현한 것이다. 그리고 이 고유성은 오직 주관적인 삶 속에서만 드러날 수 있다고 보았다. 여기서 말하는 주관성이란 관계로부터 단절된 고립, 즉 자기 안에 갇힌 자폐성을 의미하는 것이 아니다. 그보다는 나 자신과의 관계성을 회복하여 나 자신을 사랑하라는 의미에 더 가깝다. 결국 키르케고르는 우리 인간은 결코 대체될 수 없는, 가장 개별적이고 가장 일회적이며 가장 고유한 나 자신을 사랑하기 위해 이 삶을 살아가는 것이라고 주장했다. 이렇게 고유한 나 스스로를 사랑하는 삶, 이것이 실존철학의 핵심이기도 하다.

이러한 고유성은 융이 진정한 자아실현의 개념으로 강조한 '개성화(individuation)'와도 일치한다. 특히 융은 인생의 후반기에는 페르소나(사회적 역할에 따른 가면)가 외부에서 주어진 것임을 인지하고 진정한 자아를 찾아야 한다고 강조했다. 물론 페르소나 자체가 다 나쁜 건 아니다. 어느 정도는 필요하다. 하지만 페르소나는 인생의 진정한 목적이라기보다는 사회생활에 필요한 수단이기에 이를 너무 중요하게 여겨서는 안 된다는 것이다. 그래서 인생의 후반기에는 대체 불가능하고 쪼갤 수 없는 자기 자신이 되는 것, 즉 '개성화'가 필요하다고 주장한 것이다.

그렇다. 나의 고유성을 인식하면 우주 안에서의 나의 올바른 위치를 아는 데도 도움이 된다. 나와 바깥세상을 변화시킬 수 있는 내면의 힘도 가지게 된다. 어려움이나 좌절에도 포기하지 않고 다시 일어나 도전할 수 있는 힘, 즉 회복탄력성도 나의 고유성을 인식하는 데서부터 생겨난다.

미안한데, 이건 내 인생이야!

◇

얼마 전 류시화 작가가 어떤 산문집에 쓴 글을 읽는데 씁쓸한 공감의 웃음이 새어 나왔다. 그가 인도에 갈 때마다 사람들은 물었다고 한다. 왜 인도에 가느냐? 인도보다는 유럽이나 중국으로 가라고 조언했고, 제주도에 내려가서 살면 외로워서 어쩌냐 하고, 다시 서울로 돌아오면 왜 그 좋은 곳을 버리고 왔냐며 안타까워했다고 한다. 처음에 인도기행문을 내려고 할 때 출판사들은 출간을 거절하며 유럽기행문을 쓰면 돈을 대주겠다고 했고, 죽음에 관한 책을 내려 할 때는 그런 책은 안 팔린다면서 거절했지만 책이 베스트셀러가 되자 상업작가라고 비난했다… 등등의 내용이었다.

누구나 비슷한 경험 몇 개쯤 가지고 있을 것이다. 나에게도 요즘 들어 부쩍 뭘 내려놓으라고 조언해주는 사람이 많다. "아이고, 글 쓰는 거 힘들지 않아? 눈에도 좋지 않을 텐데… 이제 일 그만하고 놀지 그래." 이렇게 나에 대한 걱정 반, 일 그만두라는 권유(?) 반의 이야기를 하는 사람들 말이다.

자기들 딴엔 다 나를 위해서 하는 말이겠지만 한마디로 '노 생큐'다. 물론 글 쓰는 일이 '또 하나의 노동'이고 건강에도 큰 도움이 되지 않으며 성격도 까칠해지는 건 사실이다. 하지만 그렇게 다 내려놓고, 눈 생각하느라 글도 쓰지 않는다면, 도대체 나는 누구란 말인가? 내 삶의 의미와 재미는 어디서 찾을 수 있단 말인가? 나는 오히려 할 수만 있다면, 그동안 쌓은 지식이나 스킬을 더 갈고닦으면서 계속 성장하고 능력도 재창조하고 싶을 뿐이다.

이럴 때 필요한 게 바로 내 삶의 고유성을 확인하고 남들한테 휘둘리지 않는 힘이다. 타인의 어설픈 시선보다는 나 자신의 느낌과 욕구를 중시하는 것이다. 내가 살아가는 방식을 스스로 선택하고 통제하는 것, 즉 내 삶에 대한 지배력을 갖는 것이다.

런던대학교 공중보건학 교수이며, 국제건강사회센터 소장인 마이클 마멋(M. Marmot)은 사회적 지위가 건강과 수명을 결정한다는 '지위 신드롬(Status Syndrome)'을 주장하였는데, 한마디로 사회적 지위가 높은 사람일수록 더 건강하고 장수한다는 것이다. 마멋 교수는 그 이유에 대해 이렇게 설명했다. 사회적 지위가 높은 사람일수록 삶에 대한 지배력, 예측 가능성, 다양한 자원, 위험에 대한 분출구, 사회에 개입하고 참여할 기회를 더 많이 얻기 때문이라고. 그리고 이 중에서도 가장 중요한 것은 '삶에 대한 지배력'이라고 주장했다.

그러므로 건강하게 오래 살기 위해서라도 내가 살아가는 방식을 스스로 선택하자. 내 삶을 스스로 지배하는 능력을 갖추자. 세상 사람들의 말, 세상 사람들이 중요시하는 것들에 휘둘리지 말자. 남들이 다 그렇다니까, 남들이 나쁘다니까, 남들이 하지 말라니까… 등등 '남들'의 바람에 휘말리지 말자. 당신에게 정신 차리라고 충고해주고 싶어 어쩔 줄 모르는 사람들에게 이렇게 소리치자.

"미안한데, 이건 내 삶이야."

난그대를
이끌고 싶지 않다

◇

그래서 나도 요즘에는 아끼는 후배들한테 걸핏하면 조언하고 충고하던 버릇을 많이 고쳤다. 언제부턴가 후배들만 보면 마음이 약해지고 '좋은 선배'가 되고 싶다는 생각이 들면서 나의 경험과 지식 같은 걸 이용해서 뭔가 도움이 되고 싶은 마음, 어려울 때 위로 한마디 건네고 싶은 마음, 후배가 성장하도록 조금이라도 돕고 싶은 마음 때문에 후배들한테 "내가 경험해보니 이러는 게 나은 것 같더라, 저런 게 나은 것 같더라"는 식의 말을 많이 했었다. 오죽하면 한때 내 별명이 '이솝'의 후예인 '한솝'이었을까.

하지만 날이 갈수록 섣부른 조언이나 충고가 얼마나 위험한가 실감한다. 비록 선의와 애정과 진심 어린 걱정에서 나온 조언이나 충고라 할지라도 그게 상대방에게 항상 긍정적인 영향을 미치는 건 아니라는 걸 깨달았다.

이제 계몽의 시대는 지났다고 생각한다. 그래서 요즘에는 어쩌다가 조언이나 충고, 혹은 자문을 해야 할 일이 생겨도 상당히 까다로운 자기 검열을 거친다. 혹시 내가 잘 아는 분야인가? 상대방이 진심으로 나의 조언이나 자문을 원하고 있나? 그에게 정말 도움이 되는 내용인가? 설사 내 생각이 옳다는 확신이 드는 경우라도 예전처럼 상대방을 내가 생각하는 방향으로 이끌려고 하지 않는다. 개인적인 조언 같은 것도 최대한 자제한다.

특히 역사 쓰기 프로그램을 진행하면서 더 그런 생각이 든다. 인생에 정답이 없는 건 물론이고, 한 사람의 인생이 얼마나 다층적이고 다면적인지, 그리고 인생에는 당사자가 아닌 제삼자는 절대 알 수 없는 미지의 세계가 존재한다는 걸 직접 눈으로 확인했기 때문이다. 아니 더 솔직히 말하면 누군가의 인생을 들여다보면 볼수록 어떤 방향이 옳은지, 어느 길이 더 나은지 나도 잘 모르겠다.

그러니 선택은 우리 각자의 몫이라고 생각한다. 답은 우리 스스로가 찾아야 한다. 가끔 누군가가 우리의 한숨 섞인 고민을 들어주고 여러 방향에 대해 이야기 나누며 같이 고민해줄 수는 있어도 그가 우리를 이끌어줄 수는 없다. 그저 작은 등불 하나 켜놓고 우리가 어떤 선택을 하는지 옆에서 지켜만 봐줘도 감사한 일이다.

"내 뒤에서 걷지 마라. 난 그대를 이끌고 싶지 않다. 내 앞에서 걷지 마라. 난 그대를 따르고 싶지 않다. 다만 내 옆에서 걸으라. 우리가 하나가 될 수 있도록."

인디언 속담이다. 딱 내가 하고 싶은 말 그대로다.

오십이 넘으면 자기 마음을 따르라고 말하고 싶다. 우리의 마음은 본능적으로 답을 알고 있으니까. 오십부터는 나의 기준으로 자신과 세상을 보고 내가 나를 따라야 한다. 스스로 자신의 선생, 안내자, 멘토가 되어야 한다. 다른 사람이나 장소, 사물에 의존하는 일종의 '우상 숭배'를 포기하고, 자기 자신의 원천에 의존해야 한다. 외부보다는 우리 내면에서 삶의 지혜를 끌어올려야 한다. 책, 선배, 멘토링, 여행 등등을 통해 중요한 방향을 설정하거나 수정하는 건 더 젊을 때의 이야기다. 오십부터는 내 안에서 답을 찾아야 한다. 왜? 이 세상에 나 같은 사람은 다시 없기 때문이다.

이 점에서 나는 우리가 진행한 역사 쓰기 프로그램이 각자 자신의 고유성을 찾는 데 도움이 되었다는 점에 자부심을 느낀다. 자기 역사 쓰기라는 작업 자체가 '나는 다른 사람과 무엇이 다른가?' '어떻게 다른가?' '버리거나 고치고 싶지 않은 나의 특성은 무엇인가?'라는 질문에 대답을 하게 만들기 때문이다. 세상 똑똑한 AI도 알려줄 수 없는 메타인지를 갖게 해주기 때문이다.

오십 즈음의 당신, 더 성공하려고 애쓰기보다는 자신의 고유성을 지키면서 성숙해지고 행복해졌으면 좋겠다. 오십부터는 자기 안의 욕망을 들여다보고 달래줄 필요가 있다. 단점을 고치려고 애쓰기보다는 자기 안의 좋은 본질, 자신이 가진 자원, 장점 등에 집중할 필요도 있다.

문학평론가 신형철이 예술가에 대한 비판에 대해 언급한 글에서 "인위적으로 상처를 입혀야 누군가를 성장시킬 수 있다고 믿는 것은 낡은 생각이다. 예술가가 자기 작품에 대해 알아야 할 것은 '자기도 잘 아는' 단점이 아니라 '자기는 잘 모르는' 장점이다. 예술가로 성장한다는 것은 단점을 하나씩 없애서 흠 없이 무난한 상태로 변하는 일이 아니라 누구와도 다른 또렷한 장점 하나 위에 자신을 세우는 일이다"라고 주장했는데 이런 주장이 예술가에게만 해당되는 건 아니라고 본다. 누구나 자기 인생을 예술처럼 다루고 성장시키기 위해서는, 그리고 자신의 고유성을 찾고 간직하기 위해서는 자기가 가진 좋은 본질, 장점에 주목해야 한다.

인생에 정답은 없다. 좋은 인생, 나쁜 인생을 구분할 수 있는 기준이란 건 없다. 얼마나 자신의 고유성을 살리며 자기다운 삶을 사는가가 중요하다. 나라는 존재 그대로, 있는 힘껏 즐기며 살고 있다는 느낌이 중요하다. 고유성을 지켜야 건강하고 행복할 수 있다. 무엇보다 고유성을 찾고 지켜야만 자신을 얽매고 있는 모든 굴레로부터 자유로워질 수 있다. 우리는 고유성을 찾음으로써 자기 자신에게 솔직해지고, 자신의 빛깔을 잃지 않고 소중히 가꾸며 스스로를 일상에서 구현해 낼 수 있다. 자신의 고유성을 잘 알고 추구하는 사람만이 열정적으로 자신의 인생을 살아갈 수 있다.

이제 오십 년을 살고 있는 당신, 누구도 흉내 낼 수 없는 '나만의 빛깔'을 있는 그대로 인정하고 표현하기 바란다. 그것이 최고의 예술이다. 예술이 별건가? 어떤 수려한 문장보다 삐뚤빼뚤한 글씨로 써 내려간 사랑하는 사람의 편지가 더 가슴을 울리지 않던가. 아무리 훌륭한 기술을 펼쳐도 그것이 나를 표현하지 못한다면 어떤 감동도 줄 수 없다. 우리의 마음을 흔들고 가슴을 파고드는 것은 언제나, 오로지 나만이 전할 수 있는 목소리이다.

세 번째 희망:
내 인생의 황금기? 전성기?
그건 내가 정한다!

오십 전후의 당신, 혹시 희망을 갖기에는 너무 늦었다는 생각에 초조하고 불안한가? 서른이라면, 마흔이라면 희망을 가질 수 있는데 오십은 너무 많은 나이라는 생각에 한숨이 나오는가? 새로운 지식과 기술을 익히기에는 너무 늦었고, 치고 올라오는 후배들에게 밀려 '정녕 난 여기까지 인가?'라는 생각으로 우울한가? 이제 모든 것 내려놓고 아름답게 늙어가는 일만 남았고, 연금 계산이나 하면서 지내야 하며, 뒷방으로 밀려날 일만 남았다는 생각이 드는가?

'10년만 젊었더라면…' 혹은 '나의 역사를 조금 더 일찍 썼더라면…' 이런 생각이 드는가?

평균수명이 70년쯤일 때는 인생의 황금기라고 하면 주로 30대나 40대를 떠올렸다. 그런 때의 오십이란 이미 은퇴했거나 은퇴를 준비하는 시기였으며, 모든 욕심 내려놓고 여행이나 다니며 아프지 않게 살다가 죽을 준비를 해야 하는 나이였다.

하지만 지금은 100세 시대, 인생의 황금기는 과연 언제일까? 그건 당신에게 달려 있다. 51세의 J씨는 자신의 황금기는 아직 오지 않았다고 썼다.

젊을 때는 빨리 서른이 되길 바랐다. 하지만 서른에도 여전히 인생이 고달팠다. 날이 갈수록 친구들과의 격차는 드라마틱하게 벌어졌다. 누구는 고액 연봉자가 되고, 누구는 주식으로 큰돈을 벌었다며 외제 자동차 타고 다니고, 누구는 유명인사가 되고… 그때 나는 여전히 원룸을 벗어나지 못하는 신세였다. 친구들에게 '축하한다'는 말을 하고 집으로 돌아가는 길이면 나의 초라함이 도드라져서 세상이 온통 추운 겨울 같았다.

그런데 40대 중반을 넘어서면서 상황이 또 달라졌다. 고액 연봉을 받던 친구는 벌써 퇴직을 했고, 전문

직에 종사하는 친구는 일이 많아서 하루도 쉬지 못한 다며 우는소리를 했다. 부자 친구는 좋은 옷을 입었 는데도 얼굴이 어두웠다. 반면에 자기 좋아하는 일을 꾸준히 하던 친구의 얼굴은 전보다 더 환해지고 해맑 아졌다.

예순쯤 되면 어떻게 될까? 난 돈은 많은데 수심이 가 득 차고 찌푸린 얼굴을 하는 사람보다 나이 들수록 얼굴이 환해지고 해맑아지는 그런 사람이 되고 싶다. 그래서 오십부터 인생 다 산 것 같은 얼굴을 하고 돈 걱정만 하는 그런 사람은 되지 말아야지, 그동안 쌓 은 경력을 가치 있는 일에 쓰는 사람이 되어야지, 생 각한다. 내 인생의 황금기는 아직 오지 않았다.

74세 배우, 윤여정(1947년생) 씨의 활약이 눈부시 다. 사실 그의 활약이 최근의 일만은 아니다. 최근에 큰 상 을 받았을 뿐 젊은 시절부터 지금까지 자기가 할 일을 줄 기차게 열심히 한 사람이다. 언젠가 노희경 작가가 그에 대 해 "정말이지 예쁘지도 않은 얼굴과 좋지도 않은 목소리로, 게다가 아첨할 줄도 모르는 성격"으로 어떻게 그렇게 오래 일할 수 있는지 궁금하다는 식으로 쓴 글을 읽은 적이 있 다. 한마디로 '늙매녀(늙었지만 매력 있는 여자)'의 상징이라 고 생각한다. 자기다운 삶이 쌓여 자기답게 나이 들고 자기

답게 아름다운 사람 말이다.

'늙매남'도 있다(사실은 있는 정도가 아니라 많다). 만으로 89세의 나이에 〈리차드 쥬얼〉(2019)이라는 영화를 만든 미국 영화감독 겸 배우 클린트 이스트우드(1930년생)도 그런 사람이다. 아주 어렸을 때 서부영화에서 봤던 배우가 어느새 아흔이 넘었다는 것도 놀랍지만 감독으로서 30년 넘게 다양한 작품을 만들면서 〈용서받지 못한 자〉(1992)와 〈밀리언 달러 베이비〉(2004)로 두 차례나 아카데미 감독상을 수상하며 거장 반열에 올랐다는 것도 놀라운 일이다.

그런데 나는 이런 늙매남, 늙매녀들이 모든 분야에서 크게 늘어날 것이라고 확신한다. 영화배우나 감독뿐만이 아니라 내 주변의 평범한 사람들 중에도 이런 사람이 많아질 거라고 생각한다. 변화는 이미 시작되었다. 요즘 내가 만나는 선배들만 봐도 그렇다. 여러 분야에서 나이를 전혀 의식하지 않고 활동하는 선배들이 정말 많다. 평생 일했던 분야에서 두각을 나타내는 경우도 있지만 오십 넘어, 아니 육십 넘어 새로운 것을 시작하는 사람들도 많다. 인간의 창의성에는 나이가 없다는 걸 새삼 실감한다. 70대나 80대에 창의성을 폭발적으로 분출하는 사람들을 보면서 어떤 사람에게는 자신의 잠재력을 마음껏 펼치는 데 70년, 80년의 세월이 필요하구나 하는 생각이 든다.

늦으면 어때?
뭐가 문제인가?

◇

내가 진행한 역사 쓰기 프로그램에 참가했던 H 선배도 그런 인물 중 하나이다. 이 프로그램에서 선배를 처음 만났을 때 그의 나이는 만 79세였다. 선배가 쓴 삶의 이야기는 인상적이었다. 미리 쓰는 후기의 첫 문장이 "왜, 내가 좋아하는 프랑스가 아니고 척박한 내몽골에서 태어났을까?"였고, 제일 먼저 써온 글(제1장)의 제목이 "장소가 운명을 만든다"였는데, 실제로 선배가 쓴 역사에는 내몽골에서 태어나 해방되던 해에 한국으로 들어온 이야기, 한국전쟁을 몸소 겪으면서 부산으로 피난갔던 이야기, 중년에 건설회사에 근무하던 남편을 따라 사우디아라비아에서 생활했던 이야기 등등 우리나라 현대사와 맥락을 같이하는 스펙터클한 시공간이 펼쳐졌다.

하지만 그의 직업 경력은 대학 졸업 후에 결혼 전까지 타이피스트로 잠깐 일한 것, 결혼 후에 모교의 사무직원으로 10년간 일한 것이 전부다. 물론 1960년대, 70년대라는 시대적 배경을 생각해보면 이상한 일도 아니다. 아무튼 중요한 건 H 선배가 예순이 넘어 수필가로 등단했다는 사실이다. 그가 완성한 자기 역사 중 마지막 두 번째 글에는 늦은 나이에 글을 쓰기 시작하고, 수필가로 등단하게 된 과정이 적혀 있다.

어느 날 아침 산책길에서 달려오는 차에 부딪힌 피투성이 애견을 끌어안고 주저앉았던 선배는 "그날 일생 동안 닫혀 있던 감정의 문이 벌컥 열리는 경험을 했다"고 썼다. 가족의 죽음을 수차례나 겪으면서도 마음 놓고 소리 내어 울어보지 못했었는데 차에 치인 개를 안고 동네가 흔들릴 만큼 큰소리로 통곡했던 그날 이후로 자신의 모든 것이 정지되었다고 한다. 먹기도 싫고 말도 하기 싫고 아무도 만나기 싫어서 몸을 똬리처럼 동그랗게 말고 방구석에 앉아만 있었다고 썼다.

그렇게 두어 달이 지났을 즈음 여고 시절부터 친하게 지내던 선배가 찾아와 그가 틈틈이 써놓은 습작 노트를 펼쳐보더니 그를 모 문학회 합평 모임에 데리고 갔다. 회원들이 작품을 서로 논평하는 모습에 얼어붙었던 마음에 뜨거운 바람이 불어왔고, 그때부터 문학 강좌에 다니며 글을 쓰기 위해 공부를 시작했다고 한다. 그리고 7년 동안 쓰고 발표한 글을 모아 생애 첫 수필집을 내게 되었다.

육십이 넘어 뒤늦게 글을 쓰기 시작하면서 내 삶은 황금기를 맞았다. 눈을 뜨고 있어도 눈을 감고 있어도 가슴에선 글을 짓고 있다. 할 일이 기다리고 있다는 것, 하고 싶은 일이 있다는 것은 삶의 기쁨이며 활

력소의 샘이다. 그러나 때론 글제를 찾고도 첫 문장이 떠오르지 않아 글을 시작하지 못하고 3년을 기다리기도 한다. 100세 시대가 시작되었다는데, 나에게 남은 시간은 어떤 빛깔일까? 어느 시인은 "당신은 당신이 꿈꾸는 미래이다"라고 읊었다. 이 시를 가만가만 읊조리며 천천히 걸어가련다.

나는 H 선배를 보면서 100세 시대가 이미 우리 곁에 와 있다는 걸 실감했다. 즉 무언가를 시작하는 나이가 중요하지 않은 그런 시대가 이미 모습을 드러내고 있는 것이다. 예순이 넘은 나이에 수필가로 등단하고, 여든이 넘은 지금까지 꾸준히 글을 쓰고 있고, 우리 프로그램에서 함께 썼던 자기 역사 이야기를 모 계간지에 연재하기까지 하는 선배를 보면서 100세 시대에 여든이라는 나이는 어떤 의미인지에 대해 다시 한번 생각해볼 수밖에 없었다. 선배는 위의 글을 발표하면서, "요즘에도 내 방 컴퓨터를 항상 켜놓고 있다가 틈만 나면 들어가서 글을 쓴다. 글 쓸 때가 제일 행복하다"라는 말을 덧붙여서 젊은(?) 참가자들로부터 감탄과 응원의 박수를 받았다.

모든 변화에는 가속도가 붙기 마련이다. 앞으로는 쉰이나 예순에 무언가를 시작하는 것이 다반사가 될 것이다. 평균수명이 일흔쯤 되고, 인생이 '교육-직업-은퇴 후'로 나누어지던, 그래서 '이 나이에는 이래야 하고, 저 나이에는 저래야 하는', 나이와 인생의 단계가 일치하던 20세기식 사고방식의 시대에서는 꿈도 꾸지 못했던 일이다.

린다 그래튼이 지적한 대로 100세 시대에는 나이만으로 그 사람이 어떨 거라고 짐작하기 힘들어진다. 청년 같은 중년, 중년 같은 노년이 많아질 뿐만 아니라 나이가 들수록 세월을 통해 축적된 개인의 성향과 능력이 각자 다른 모습으로 나타나기 때문이다. 그래서 오십 이후의 사람을 하나의 세대로 범주화하거나 모두 비슷한 능력을 가질 것이라고 속단할 수 없는 것이다.

사실 나이와 상관없이 '다양한 자아'를 구현할 수 있는 시대는 이미 왔다. 어느 나이에나 새로 시작할 수 있고, 어느 나이에나 생산적 경험을 맛볼 수 있고, 삶의 의미를 추구할 수 있고, 뭔가를 재창조할 수 있다. 어느 나이에나 자신이 원하는 삶을 실험해보고 새로 만들어볼 수 있다. 좋아하는 일을 늦게까지 계속할 수도 있다.

그러므로 나이에 관한 20세기식의 고정관념일랑 저 멀리 던져버리기 바란다. 오십에 무슨 일을 시작하냐고? 설사 일을 시작한다 해도 두각을 나타내거나 전성기를 맞을 수는 없을 거라고? 천만의 말씀, 지나친 걱정이다. 앞으로 올 세상에서는 오십에 새로운 꿈을 꾸고 새롭게 일을 시작하는 건 특별한 일도 아닐 것이다. 일종의 '뉴노멀'로 자리 잡을 것이라고 확신한다.

인생의 첫 단추를 잘못 끼웠다고? 그럼 두 번째 단추부터 잘 끼우면 된다. 지나놓고 보면 단추 하나 잘못 끼웠다고 큰일나는 것도 아니다. 좀 늦게 가거나 돌아가면 된다. 우회도로가 아름답듯이 우회 인생에 더 다양하고 풍성한 서사가 있기 마련이다.

그러니 "이젠 너무 늦었다" "내가 좋아하는 일은 돈을 더 모아놓은 후에 할 거야" "지금 가진 것에 감사하며 살아야 해" "좋은 건 젊은 사람들한테 양보해야지"라는 말은 하지 말라. 당신 인생의 황금기? 그때가 언제일지는 당신이 정하시라. 이제 더 이상 나이는 문제가 되지 않는다. 당신이 그것을 얼마나 원하고 좋아하는가, 얼마나 당신에게 어울리는가가 문제일 뿐이다.

선택하고, 최적화하고, 보완하는 SOC 전략

◇

그래도 한가지 덧붙인다면, 오십에 품는 전성기에 대한 희망은 20대, 30대의 그것과는 달라야 한다는 점이다. 좀 더 전략적이어야 한다고나 할까. 아무리 100세 시대라고 하지만 '나이 듦(aging)' 자체를 피할 수는 없으며, 그로 인해 얻는 것도 있지만 잃는 것도 있다는 걸 인정해야 하기 때문이다. 특히 건강에 관한 적신호가 켜지는 오십에 너무 많은 것을 추구하다가는 성과 없이 좌절감만 키울 수 있다는 점도 염두에 두어야 한다.

이 점에서 독일의 심리학자 폴 발테스(Paul Baltes)는 성공적 노화 전략으로 '선택, 최적화, 보완'의 세 가지를 제시했는데, 나는 이 전략이 오십 무렵의 전성기 전략에도 유용하다고 생각한다. 이 세 가지 전략은 선택(Selection), 최적화(Optimization), 보완(Compensation)의 첫 글자를 따서 'SOC 전략'으로 불린다. '선택'이란 일이나 활동의 영역을 제한시켜서 우선순위가 높은 영역에 집중하려는 노력을 의미한다. '최적화'란 일단 선택한 일에 대해서는 양과 질을 극대화하기 위해 훈련과 개발을 계속해가며 노력하는 것을 의미한다. '보완'이란 노화로 인한 여러 가지 손실을 보충하고 아직 남아 있는 능력을 발전시키기 위해 다양한 기술적 보상방법을 사용하는 것이다. 때로는 목표나 기대를 조정함으로써, 때로는 안경이나 보청기를 사용함으로써 능력의 손실을 보완해야 한다는 것이다.

나이가 들어서도 마라토너로서 계속 달리기를 원하는 사람이 있다고 치자. 그는 달리기에 더 많은 시간과 에너지를 투자하기 위해 다른 행위를 줄이거나 포기해야 하며(선택), 일상적 리듬을 유지하기 위해 훈련과 다이어트를 계속하며(최적화), 좋은 신발을 고르고 부상에 대비하는 전문가가 되어야 한다(보완). 음악가 루빈스타인은 말년에도 피아노를 계속 연주하기 위해 레퍼토리를 줄이고(선택), 그 대신 더 많이 연습했으며(최적화), 빠르게 연주해야 하는 소절의 앞에서는 일부러 천천히 연주함으로써 청중이 속도감을 두드러지게 느끼도록 연출했다(보완).

SOC 전략에서 가장 중요한 것은 '선택'일 것이다. 30대, 40대까지는 무엇이든 시도해보고, 어디든 가보고, 최대한 많은 사람을 만나면서 가능한 경험의 폭을 넓히는 게 좋겠지만, 오십 이후에는 좀 달라야 한다. 무조건 일 많이 하고 사람 많이 만난다고 성과가 나는 건 아니다. 에너지가 줄어들수록 자신의 인생에서 가장 중요한 것을 선택해야 한다. 그러므로 오십 이후에 전성기를 누리고 싶다면 우선순위가 높은 영역의 일이나 활동, 자신의 모든 걸 바칠 만큼 가치 있는 것을 선택하고 집중할 필요가 있다.

그렇다면 무엇을 선택할 것인가? 자기 역사 쓰기를 통해 얻은 메타인지를 최대한 활용함으로써 자신만의 콘텐츠를 만들고 최대의 성과를 낼 수 있는 일에 집중하라고 권하고 싶다. 대신 나와 맞지 않는 것에 대해서는 "이건 더 이상 필요 없어"라고 말하면서 길을 비켜주자. 일상적 삶의 군더더기로부터 나 자신을 끄집어내어 삶의 초점을 끌어당길 필요가 있다.

뇌과학의 연구 결과를 참고하는 것도 좋은 방법이다. 이왕이면 40~65세에 가장 뛰어난 기능을 보이는 언어 기억, 중요한 정보에 대한 기억, 공간지각능력, 귀납적 추리 능력 등 종합적인 사고능력을 필요로 하는 일에 집중하는 게 좋을 것이다. 특히 요즘처럼 빨리 변화하는 시대에는 단시간에 따라잡히는 기술이나 도구 활용 능력보다는 좀 더 광범위한 문제해결 능력이 필요한 일을 선택하는 것도 유리하다.

덧붙여 사회적 가치까지도 감안하는 선택이라면 더할 나위 없이 좋을 것이다. 우선 내가 좋아하고 내가 살아가는 데 용기를 주는 콘텐츠를 선택하는 게 중요하지만, 그것을 누군가와 나눌 수 있을 때 콘텐츠의 의미와 재미는 훨씬 더 커질 것이기 때문이다.

대신 일단 선택한 일에 대해서는 '성장 마인드셋'을 가지고 임해야 한다. 성장 마인드셋이란 스탠퍼드대학교 심리학과 교수인 캐롤 드웩(Carol Dweck)이 개념화한 것으로, '노력해도 변화되는 것은 없다, 그러므로 나는 잘하는 것만 하겠다'고 생각하는 고정 마인드셋보다는 '누구나 노력하면 재능을 키울 수 있다, 열심히 하면 더 똑똑해질 수 있다'고 믿는 성장 마인드셋이 원하는 것을 이루는 데 도움이 된다는 것이다. 위에서 소개한 SOC 전략의 '최적화'의 개념과도 유사하다. 일단 선택한 일에 대해서는 양과 질을 극대화하기 위해 훈련과 개발을 계속해가며 노력하라는 것이다.

물론 어떤 일을 '하지 않기로 결정하는 것'도 선택이다. 심리학자 로라 칼스텐슨(Laura Carstensen)이 주장한 '사회정서 선택이론'처럼, 자신에게 남아 있는 시간이나 에너지가 한정되어 있다는 것을 의식할 때 어떤 일을 하지 않기로 결정함으로써 더 가치 있는 삶, 더 행복한 삶을 선택할 수 있기 때문이다.

그렇다. 오십부터는 더 가치 있고 더 행복한 것을 선택해야 한다. 우리 프로그램에 참여했던 M씨는 돈을 더 벌 것인가, 아니면 건강을 챙기면서 인간답게 살 것인가의 갈림길에서 후자를 선택했지만, 가끔 너무 일찍 돈 버는 일을 포기한 것이 아닌가 하는 회의감에 시달렸다고 한다. 그는 역사 쓰기를 통해 자신을 괴롭히던 회의감의 정체를 확인하고 거기서 벗어날 수 있어서 다행이라고 썼다.

통장 잔고가 줄어들면서 점점 마음이 쪼그라들고 의기소침해졌다. 그러곤 내가 잘못된 선택을 했다는 회의감이 밀려왔다. 그래서 많이 힘들었다. 그런데 이번에 역사 쓰기를 하면서 힘이 났다. 아 그랬지, 그때 직장을 그만두었던 건 뭔가 사는 것같이 살아보고 싶어서였어. 그래서 일생일대의 결단을 내렸던 거야⋯. 다시 마음을 다잡을 수 있어서 좋았다. 앞으로도 힘이 빠질 때마다 이 글을 펼쳐보면서 내 인생의 방향을 기억하고 내 선택을 응원하려고 한다.

오십 전후의 당신, 어떤 길을 선택하든 간에 당신을 응원한다. 당신의 황금기를 보다 효과적으로 만들 수 있기를, 당신의 선택이 더 지속 가능하게 유지될 수 있기를 기대해본다.

네 번째 희망:
회사 바깥에도 세상은 있다

가톨릭 신부이면서 심리학자였던 헨리 나우웬(H. Nouwen)이 직접 경험한 이야기이다. 나우웬은 하버드대와 예일대에서 심리학과 신학을 접목한 영성신학이라는 과목을 최초로 가르친 사람이며, 수많은 책을 썼고 명강사로도 유명한 사람이었다. 이런 그도 우울증을 앓은 적이 있다. 다른 사람들에게 삶의 방향을 제시하는 역할을 했지만 자신의 힘든 마음을 치유할 방법은 알지 못했기 때문이다. 그는 우울증을 극복하기 위해 '라르쉬'라는 지적장

애인공동체와 인연을 맺게 된다. 첫 대면 때 사람들이 물었다.

"누구세요?"

"저는 하버드대에서 영성신학을 가르치는 헨리 나우웬입니다."

"하버드대가 뭔데요?"

"전 세계 학생들이 공부하고 싶어 하는 곳입니다."

"사람들은 왜 거기에서 공부하고 싶어 하는데요?"

그는 말문이 막혔다고 썼다. 사람들이 왜 하버드에서 공부하고 싶어 하는지 설명할 방법을 찾을 수 없어서다. 지금까지 그 누구도 하버드가 뭐냐고 물어본 적이 없었다. 그는 그날 밤 일기에 이렇게 적었다.

"나는 오늘 이곳에서 낯선 경험을 했다. 전 세계 학생들이 공부하고자 하는 대학에서 최고의 교수로 인정받던 나를 이 사람들은 모르고 있다. 내가 이룬 업적의 가치가 얼마나 대단한 것인지 모르고 있다. 나를 오직 헨리로 대할 뿐이다. 나는 깨달았다. 그들이 나를 대하는 방식이 바로 신이 인간을 대하는 방식과 가장 유사하다는 것을 말이다."

'하버드대 교수'로 불릴 때 우울증을 앓았던 그는 '헨리 나우웬'으로 불리는 순간 마음의 위로를 얻었다. 자신의 가치는 화려한 명함이 아니라 자신의 존재 그 자체에 있다는 것을 깨달았기 때문이다.

최근에 인터넷에서 본 우화 같은 이야기도 소개한다. 한 사람이 생이 끝나 죽은 이들의 세상으로 갔다. 문 앞에 고급공무원이 앉아서 명부에 등록해야 한다며 묻는다.

"너는 누구냐?"

"저는 주부입니다."

"나는 네 직업을 묻지 않았다. 너는 누구냐?"

"저는 55세의 여자입니다."

"나는 네 나이와 성(性)을 묻지 않았다. 너는 누구냐?"

"저는 대한민국 서울 사람입니다."

"나는 네가 사는 곳을 묻지 않았다. 너는 누구냐?"

"저는 회사원의 아내입니다."

"나는 네 남편이 누군지 묻지 않았다. 너는 누구냐?"

"저는 두 아이의 엄마입니다."

"나는 네게 자식이 있냐고 묻지 않았다. 너는 누구냐?"

"저는 대학을 졸업했고 공무원 시험에 합격해서 일을 하다가 그만두었고, 결혼해서 두 아이를 낳고, 지금은 아이들 키우고 집안일 하는 데 전념하고 있습니다."

"나는 네게 주어진 생을 어디에 쓰다 왔는지 묻지 않았다. 너는 누구냐?"

"저는… 제가 누군지 모르겠습니다."

그 누구라도 위와 같이 "너는 누구냐?"라는 질문을 집요하게 받게 된다면 정말 힘들 것 같다. "너는 누구냐?"라는 질문을 받을 때 우리는 자동적으로 나이와 성, 사는 곳, 가족관계, 직업을 떠올리기 마련이다. 특히 직업은 내가 누구인지 설명하는 데 아주 중요한 역할을 한다. 그래서 '명함'을 중요시하는 사람들이 그렇게나 많은 것이다.

실제로 은퇴자 대상 연구를 했을 때 명함 없이 자신을 어떻게 소개해야 할지 모르겠다고 말하는 사람들을 많이 만났다. 그들에겐 자기 이름 석 자보다 명함에 크고 화려한 로고와 함께 적힌 회사나 조직의 이름, 그리고 무슨무슨 부장이나 팀장 같은 직위가 더 필요했던 것이다.

직업도 직업이지만 과거의 사회적 지위라는 '갑옷'에 집착하는 사람도 많이 만났다. 은퇴한 후에도 모 회사의 임원이었다는 걸 내세우면서 '나 이래 봬도 잘나가는 사람이었거든'이라고 말하고 싶어 하는 사람들 말이다.

오십, 직업과 자아를
분리할 수 있어야 한다

하지만 명함이나 갑옷의 수명은 길지 않다. 잡코리아가 매년 조사하는 우리나라 직장인들의 예상 평균 퇴직연령을 보면 2013년에는 52세, 2016년 50.9세, 2020년 49.7세로 날이 갈수록 짧아지는 추세다. 법정 정년인 60

세에 비해 10년이나 이른 나이이다. 실제로 직장인들은 40대 중반부터 보직을 잃거나 직장에서 내쳐져도 이상하지 않고, '그쯤 되면 알아서 나가라는' 분위기도 있다고 말한다.

사정이 이러하다면 50, 아니 40대 중반부터는 일과 나, 회사와 나와의 관계에 대해 심각하게 고민해봐야 하지 않을까? 특히 오랫동안 '회사 인간'으로 살아온 사람들의 경우 자신의 자아가 직업과 뒤엉켜 있지는 않은지, 직업적 역할과 조직을 통해서만 자신의 정체성을 확인할 수 있는 건 아닌지 스스로 점검해봐야 한다.

아무리 늦어도 오십이 되면 '명함이 없어질 때 무엇이 남을까? 갑옷을 벗었을 때 나를 누구라고 소개할까?'라는 자아정체성의 문제를 심각하게 고민해야 한다. 내 것이 아닌 '타이틀'에 목매지 말고, 갑옷을 벗은 '낯선 자신'과 미리 직면해볼 필요가 있다. 명함을 받기 이전, 갑옷을 입기 이전의 나, 원래의 나로 돌아가는 연습이 필요하다. 갑옷을 벗은 후에도 빛날 수 있는 나만의 가치를 찾아야 한다.

중년기 이후의 심리적 발달과업을 연구했던 펙(R. C. Peck)은 중년이 되면 직업과 자아의 분화가 필요하다는 점을 강조했다. 다시 말해 직업에만 몰두하던 자아를 다시 찾아야 된다는 것이다. 그리고 중년 이후에 직업과 자아의 분화가 잘 이루어지지 않으면 은퇴한 후에도, 나이가 들어서도 오로지 직업적 역할에만 정력을 쏟게 되어 자아정체성이 흔들린다고 경고했다.

실제 내가 만나본 사람들 중에서도 오랫동안 회사 인간으로 살아온 사람들, 평생 한 가지 직업만 가졌던 사람들, 규모가 크고 좋은 직장에 기대어 살아온 사람들, 회사 밖 세상에 대해 잘 모르고 크게 관심을 두지 않았던 사람들이 직업 역할과 자아를 분화시키는 데 더 어려움을 겪는 것처럼 보였다. 즉 직장과 자아를 지나치게 동일시하던 사람일수록 은퇴 후 상실감은 커질 수밖에 없는 것이다.

이런 점에서 우리 프로그램에 참여했던 47세의 U씨는 현명한 사람이다. '나중에 저렇게 되지 말아야겠다'고 느끼게 해준 반면교사 모델을 통해 '회사와 어떤 관계를 맺어야 할 것인가', '퇴직 후를 위해 무엇을 준비해야 할까'라는 문제에 대해 미리 생각할 수 있었다고 했다. 특히 퇴직 후에도 자신의 취향과 품위를 지키기 위해 적금까지 들어놓았다는 점이 인상적이었다.

후기를 쓰면서 앞으로 어떻게 살까에 대해 생각해보는 시간을 가졌다. 예순까지는 회사에 다니고 싶지만 상황이 하도 급변하는 터라 어떻게 될지 모르는 일이다. 회사와의 관계에 대해 반면교사 역할을 해준 사람은 K 선배였다. 존경스러울 정도로 일을 잘하고 열심히 했던 선배였는데, 회사를 사직하게 되었을 때

술에 취해서 "청춘을 다 바쳤는데 (회사가) 어떻게 나한테 이럴 수가 있어?" "(회사가) 그동안 나한테 해준 게 뭐가 있어?"라는 식의 말을 끝도 없이 반복했다. 선배가 너무 딱하면서도 솔직히 옛날 드라마에서 몸과 마음을 다 바친 남자한테 배신당한 여자들이, 세상에 남자가 한 명뿐인 것처럼 질척하게 매달리는 멘트처럼 느껴졌다. 그때 직장을 너무 믿거나 지나치게 사랑해서는 안 된다는 걸 뼈저리게 배웠고, 사람들이 회사와 연애하지 말아라, 썸만 타라고 말하는 게 무슨 뜻인지도 이해할 수 있었다.

퇴직하면 월급이 제일 아쉽겠지만 태어나서 죽을 때까지 돈 걱정만 하다 죽으면 너무 허무할 것 같다. 곰곰이 생각해보니 퇴직하면 돈만큼이나 아쉬운 게 공짜로 얻게 되는 초대권 같은 것들이라는 생각이 들었다. 그래서 두 가지를 결심했다. 하나는 그동안 공짜로 받던 것을 포기하는 연습을 하는 것, 또 하나는 내가 좋아하는 걸 당당히 내 돈 내고 즐기기 위해 적금을 들어두는 것이었다. 이런 노력을 통해 퇴직 후에도 나의 취향과 품위를 지킬 수 있기를 희망한다.

그렇다. 오십이 되기 전부터 직업이나 소속과 자신을 분리하는 연습이 필요하다. 지금은 회사원으로 살고 있다고 하더라도 회사 바깥이 있다는 걸 잊지 말자. 회사 밖에는 어떤 세상이 있는지 관심을 가져보자. 회사라는 경계를 넘는 순간 또 다른 세상이 열리고 더 큰 세계가 있다는 사실을 잊지 말자.

100세 시대, '놀이로서의 일'이 중요하다

◇

하지만 오해는 하지 마시라. 직업과 자아를 분리해야 한다고 해서 일이 중요하지 않다거나 은퇴 후에 아무 일도 하지 말아야 한다는 뜻은 아니다. 아니 실상은 오히려 그 반대다. 우선 수명이 길어지면서 일을 하는 기간도 점점 늘어날 것이다. 평균 퇴직연령이 매우 낮은 우리나라에서도 노동시장에서 더 이상 경제활동을 하지 않는 '실질 은퇴연령'은 70세를 넘는 것이 현실이고, 앞으로는 법정 정년도 늘어날 것으로 전망된다. 앞에서도 언급했지만 린다 그래튼 등은 100세까지 살고 소득의 10%를 저축하고 퇴직하고 나서 소득의 50%를 연금으로 받고 싶다면 70세 혹은 80세까지 일해야 할 것이라고 예측했다. 아마 이 글을 읽는 독자 중에도 7, 80세까지 일하는 사람이 꽤 많을 것이라고 생각한다.

하지만 내가 여기서 말하는 '일'이란 '벌이로서의 일'만을 의미하는 건 아니다. 19세기의 폴란드 시인 노르비트(C. K. Norwid)는 행복을 느끼며 살기 위해서는 세 가지 일이 필요하다고 했는데, 그 세 가지 일이란 먹고사는 일, 재미있는 일, 의미 있는 일이다. 그는 세 가지 일 중 하나가 부족하면 삶이 드라마가 되고 두 개가 부족하면 비극이 된다면서 세 가지 일이 균형을 이루어야 바람직하다고 강조했다. 일리 있는 지적이다. 인간에게는 먹고사는 일도 중요하지만, 재미있는 일, 의미 있는 일도 중요하다.

게다가 100세 시대에는 재미있는 일, 의미 있는 일, 다시 말해 '놀이로서의 일'이 점점 더 중요해질 것이다. 수명이 70년쯤 되던 세상에서라면, 퇴직 후에 여행 몇 번 다녀와서 휴식 중심의 소극적인 소일거리에 몰두하다 보면 건강수명이 다하여 골골 앓게 되고, 그러다가 죽으면 그만이었다. 하지만 퇴직 후에도 수십 년을 더 살아야 한다면 이야기는 달라진다. '놀이로서의 일'이 없다면 인생은 지루하고 활기가 없을 것이다. 행복이나 자아실현과는 거리가 먼 하루하루가 끝도 없이 이어진다는 건 상상만으로도 괴로운 일이다.

실제로 나는 은퇴자 연구를 하면서 한창 일할 때 제대로 일하지 못하는 사람이 정체성에 문제를 일으키듯이 놀아야 할 때 제대로 놀지 못하는 사람도 엉뚱한 생각에 사로잡히고 이상한 행동을 한다는 걸 여러 번 확인했다. 별 것도 아닌 일에 불같이 화를 내고, 가족이나 자녀에게 지나친 애정을 쏟거나 간섭해서 질리게 하고, 결국은 스스로를 외톨이로 만들고, 사회에도 피해를 주는 경우들 말이다.

노는 일이 뭐 그리 힘들까 싶지만 당사자들에게는 심각한 문제였다. "아침에 동이 터오면 오늘 하루를 또 어떻게 보내야 하나 걱정이 들면서 그냥 이대로 죽어버리고 싶다는 생각이 든다"고 하소연하는 은퇴자도 있었다. 그는 "책을 읽는 건 어떤가?"라는 내 질문에 대해 "회사 다닐 때는 책 읽고 부하 직원들한테 '너희 이런 책 봤어?' 하고 으스대는 맛도 있었는데, 요샌 읽어봤자 어디 가서 자랑할 데도 없으니까 책 읽는 것도 시들하다"라고 대답했다.

이럴 때마다 최고의 놀이 이론가인 브라이언 서튼 스미스(Brian Sutton Smith)가 한 말이 떠올랐다. "놀이의 반대는 일이 아니다. 놀이의 반대는 우울증이다." 제대로 놀지 못하면 정신건강에도 해롭다는 뜻인데, 매우 공감되는 말이다.

그래서 나이 들어도 일, 특히 놀이로서의 일을 갖는 건 매우 중요하다. 행복감의 원천이 다양할수록 더 행복하고 삶의 질도 높아진다는 '행복의 포트폴리오 효과'를 기억하자. 자신만의 놀이, 혼자서도 즐길 수 있는 놀이, 악기 연주나 그림 그리기 같은 놀이를 가진 사람은 행복감의 원천이 다양할 수밖에 없다. 그래서 행복감의 원천이 돈이나 직업, 가족 등에만 국한된 사람에 비해 훨씬 더 행복할 수 있는 것이다.

'딴짓'의 놀라운 쓸모

그런데 인간의 삶은 연속적이어서 잘 노는 아이들이 잘 노는 어른이 되고, 또 잘 노는 중년이 그러한 노년으로 이어진다. 죽도록 일만 하다가 퇴직하는 그 순간부터 갑자기 잘 논다는 건 생각처럼 쉽지 않다.

그러니 늦어도 오십쯤이면 내 인생의 기쁨과 재미와 의미를 찾을 수 있는 일과 놀이를 찾아야 한다. 특히 당신이 회사를 놀이터로 삼고 회사에서 놀이 친구를 만나던 그런 부류의 사람이라면, 이제부터는 다른 놀이터와 다른 놀이 친구를 찾기 위해 노력해보라고 권하고 싶다.

만일 자신에게 맞는 놀이를 찾지 못했다면 이제부터라도 매일 얼마만큼의 시간을 투자하시라. 놀이야말로 창조성이 필요한 행위이므로 나만의 '맞춤형' 놀이를 찾기 위해서는 부단한 노력이 필요하다. 회사 밖 다른 세상사에 대한 관심도 늘려보시라. 도서관에도 가보고, 인문학 강의도

들고, 혼자 여행도 떠나봐야 할 것이다.

린다 그래튼은 새로운 일을 찾기 위해 생소한 모임에 가거나 모르는 분야의 강연을 듣거나 다른 회사나 다른 부서에 잠시 들러보라고 권하고 있는데, 놀이도 마찬가지라고 생각한다. 놀이를 찾기 위해서도 생소한 모임에 가서 낯선 사람을 만날 필요가 있다.

현역일 때부터 실컷 '딴짓'을 해보라는 말도 하고 싶다. 여기서 딴짓이란 관심과 흥미를 바탕으로 본업과 병행하는 '사이드(side) 프로젝트'라고도 부를 수 있는 것들이다. 회사 밖에서 실컷 즐기고 놀아보는 경험도 필요하다. 직장생활 외의 삶의 다양한 영역이나 분야에 관심을 가져보라고 권하고 싶다. 익숙하고 안전한 환경에서는 느끼지 못하던 것들을 느낄 수 있을 것이다.

아래의 글은 40대 후반에 오래 다니던 직장에서 퇴직한 후에 불안한 마음에 방황도 하고 새로운 인생을 기획하기 위해 이런저런 노력을 했던 B씨의 이야기이다. 다행히도 그는 자신이 전혀 생각지도 못한 분야에 흥미와 재능을 가지고 있다는 것을 알게 되면서 새로운 희망을 가지게 되었다.

회사 밖에 나와 보니 난 내세울 것 하나 없는, 초라한 40대 후반의 아줌마였다. 대학 때 배운 알량한 지식으로 20년을 버틴 것만으로도 대단했다는 생각이 들 정도였다. 미래는 두렵고 마음은 불안했다. 그래서 큰 맘 먹고 '혼행(나 홀로 여행)'을 다녔다. 돈 아끼려고 믹스커피를 보온병에 담아 가지고 다니면서 이런 시간을 진작 가졌어야 했다는 생각에 가슴이 아렸다.

하지만 여기저기 방황하면서 쏘다니는 과정에서 오래전 어떤 모임에서 만난 적이 있는 S씨를 만나게 되었고, 이런저런 우여곡절 끝에 내가 3D 모델링에 관해 상당한 흥미와 재능이 있다는 걸 발견했다. 1년 전만 해도 전혀 생각해보지 않은 일이었는데, 신기했다. 꿈도 생겼다. 앞으로 동영상을 만들어서 무료로 나눠 주고 필요하면 무료 강의도 해보고 싶다. 좀 더 장기적으로는 디지털 예술작품을 만드는 일에 도전해보려고 한다. 예술가로 인생 후반기를 보낼 수 있다면 정말 행복할 것이다. 디지털로도 아름다움을 창조할 수 있다는 걸 보여주고 싶다.

일자리를 얻을 때 누구를 알고 있는가가 중요하다고 주장한 사회학자 마크 그래노베터(Mark Granovetter)의 유명한 '네트워크 이론'이 있다. 그는 취업할 때나 새로운 기회를 얻을 때 강한 유대(strong tie)를 가지는 관계보다 '친구의 친구'와 같은 약한 유대(weak tie) 관계가 더 유리하다고 주장했다. 린다 그래튼 등도《100세 인생》에서 '친구들이 알고 있는 정보는 비슷하고 큰 도움이 되지 않는다. 오히려 잘 모르는 사람으로부터 신기한 정보를 많이 접할 수 있다. 그래서 100세 시대에는 크고 다양한 네트워크가 중요하다'는 이야기를 하고 있다.

흥미로운 건 위와 같은 네트워크 이론이 취업뿐 아니라 놀이 생활에도 적용된다는 점이다. 놀이로서의 일을 찾는 당신에게도 분명 중요한 참고사항이 될 거라고 확신한다. 그러니 매일 만나던 사람, 연령이나 배경이 비슷한 사람과만 어울리던 '갇힌 사고'에서 벗어나기 바란다. 잘 모르는 사람, 나와는 다른 사람을 만나고 어울려 놀 때 재미와 활기, 도전의식이 생긴다는 점을 잊지 마시라. 다양한 사람들과 '합리적이지만 따뜻한 연대'를 이루도록 노력해보라.

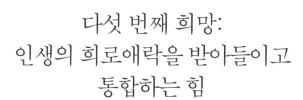

다섯 번째 희망:
인생의 희로애락을 받아들이고
통합하는 힘

내 인생에 좋은 일과 나쁜 일이 모두 들어 있다는 건 역사 쓰기를 하기 전에도 알고 있는 사실이었다. 하지만 이번에 다른 참가자들의 속 깊은 인생 이야기를 들으면서 새삼 느꼈다. 참가자 중에 외형적으로나 객관적으로나 내가 부러워할 만한 요소를 모두 갖춘 사람이 있었다. 그런데 그녀에게도 의외로 슬프고 아픈 이야기가 숨어 있었다. 이 세상에 행복한 일만 있는 사람은 없다는 걸 다시 한번 실감했고, 솔직히 위로를 받은 것도 사실이다. 반대로 저렇게까지 힘든 삶을 산 사람도 있나 싶어서 동정심마저 가졌던 사람에게서 뿜어져 나오는 생명력 때문에 깜짝 놀란 적이 한두 번이 아니다. 역시 인생은 간단치 않다. 그 누구도 인생에 대해 속단할 수 없다는 걸 배웠다.

W씨가 '후기'에서 쓴 글이다. 사실 나도 비슷한 느낌을 자주 받았다. 참가자들이 쓰는 인생 이야기를 보면서 그 누구의 인생이라 하더라도 그 안에는 성공과 실패, 승리와 패배가 매우 복잡하고도 정교하게 뒤섞여 있다는 걸 확인할 수 있었다. 행복은 불행의 순간과 연결되어 있고, 승리는 패배의 순간과 연결되어 있으며, 그 역도 사실이었다. 절체절명의 위기에 몰렸을 때 오히려 위대한 성취가 이루어지기도 하고, 혹은 가장 행복하다고 믿었던 시간에 위험과 죄악에 빠지기도 한다. 실존적 위기가 닥쳤을 때 비로소 인생의 의미를 되돌아보고 삶의 방향을 재설정한 이야기도 여럿 있었다.

한마디로 인생에는 여러 요소가 '통합'되어 있다. 이러한 깨달음은 행복을 보는 관점에도 영향을 준다. 이전에는 흙탕길보다는 꽃길을 더 많이 걸었던 사람, 패배보다는 승리의 서사를 더 많이 가진 사람이 아무래도 더 행복하겠지, 생각했었다. 하지만 지금은 다르다. 힘든 일, 답답한 일,

패배, 좌절 등에도 의미를 부여할 줄 아는 사람, 한마디로 인생의 여러 가지 측면을 '통합'할 줄 아는 사람이 더 행복하다고 생각한다.

아동치료 정신분석가 멜라니 클라인(Melanie Klein)은 인간이 아주 어린 시절부터 '통합'의 원리를 배우기 시작한다고 주장했다. 그는 젖먹이 아기가 엄마를 받아들이는 과정을 통해 통합의 개념을 설명하였다. 갓난아기는 모유가 원활히 나올 때와 그렇지 않을 때의 상황을 통합하지 못한다. 즉 젖이 원활히 나오는 만족스러운 가슴과 잘 나오지 않아서 짜증스러운 가슴이 같은 사람의 것이라는 것을 이해하지 못하는 것이다. 시간이 지나 '같은 사람'이지만 젖이 잘 나올 때도 있고 안 나올 때도 있다는 사실을 받아들이면서 '엄마'라는 존재를 있는 그대로 수용하게 되는데, 이것이 바로 통합이라는 것이다.

그런가 하면 전 생애에 걸친 성격발달이론으로 유명한 에릭슨(Erikson)은 50세부터 시작되는 성인 후기의 발달과업으로서의 '통합'을 강조했다. 나이가 들수록 갈등을 조화롭게 통일시켜서 자신의 인생과 삶의 여정을 긍정하는 독립적이고 성숙한 인간이 되어야 하는데, 만약에 지나온 세월을 뒤돌아보면서 자신의 모든 삶이 무의미했다고 느끼면 '절망'에 빠지게 된다는 것이다.

에릭슨에게 자아통합이란 과거를 돌아보면서 '그때

는 그럴 수밖에 없었다'라고 생각하면서 자신의 과거와 현재 위치를 받아들이는 것, 자기 나름대로 인생의 의미를 찾는 것, 이 세상에 하나뿐이고 단 한 번뿐인 자신의 인생을 받아들이는 것을 의미한다. 그리고 그는 자아통합이 이루어져야 인생에 대한 참 지혜를 터득하게 된다고 주장했다. 또한 내 인생에 속했던 사람들에 대해서도 그들의 존재가 필연적이고, 절대로 다른 사람들로 대체될 수 없다고 생각하는 것이 바람직하다고 말한다.

　실제로 우리 프로그램 참여자의 글에도 '통합'에 관한 이야기는 많이 들어 있었다. 과거에 자신이 누구였으며 어떠했는가를 돌아보면서, 그리고 현재까지 이어지는 전체적인 생애 과정에 집중하면서 자연스럽게 인생의 다양한 측면을 통합하게 되었을 거라고 생각한다. D씨는 "상처가 곪았다가 터지고 다시 곪고 터지고 딱지가 앉은 지금에야 할 수 있는 말이긴 하지만"이라는 단서를 단 후에 이렇게 썼다.

　　어린 시절의 결핍이 나를 키웠다는 건 부정할 수 없는 일이다. 빈 구멍을 스스로 하나씩 채울 때의 성취감이 나를 강하게 했다. 웬만한 어려움이 닥쳐도 허둥대지 않는 근력 같은 게 생겼다. 이런 내 인생에 자부심을 느낀다. 오십이 넘도록 꽃길만 걸어왔다고 말하는 사람을 보면 솔직히 만들어진 꽃을 보는 것 같다.

그렇다. 어떤 인생이든 그 안에는 고통스럽고 아프고 슬픈 이야기, 쓰라린 실패의 이야기가 반드시 들어 있기 마련이다. 심지어 동화 속에도 슬프고 잔인한 이야기가 가득하다. 그럼에도 불구하고 젊을 때는 이 당연한 사실을 받아들이기가 쉽지 않다. 인생에 좋은 이야기만 가득하기를 바라기 때문이다. 하지만 오십의 나이라면 인생에는 좋은 것과 나쁜 것이 섞여 있다는 걸 당연하게 받아들이고, 이러한 인생의 양면적인 요소를 통합할 수 있는 능력을 터득해야 한다.

나이 들수록
행복한 이유

◇

나이 들수록 행복한 이유? 그 비밀 또한 인생의 희로애락을 통합하는 능력에 있다고 생각한다. '노화'라는 단어는 성장이나 성숙과는 대비되는 퇴행적 발달을 의미한다. 그래서 나이 든다는 건 상실을 받아들여야 하고, 책임질 일은 많아지며, 질병에 시달리다가 죽음을 향해 걸어가는 과정이라고 생각하게 되는 것이다. 여러 객관적인 지표들 또한 노년이 절대 행복하지 않은 시기라는 걸 잘 보여준다. 실제로 우리는 주변에서 돈 없고, 여기저기 아픈 데가 많으며, 외로움에 허덕이는 노인들을 많이 만날 수 있다. 사정이 이러하니 나이를 먹을수록 쇠락해가는 초라한 인간이 되며 불행해진다고 생각하는 것도 무리는 아니다.

하지만 이상하게도 현실은 그 반대다. 실제로 나이든 사람이 젊은 사람보다 삶에 대해 더 만족하는 태도를 보인다는 연구결과는 상당히 많다. 아니 많은 정도가 아니라 대부분의 연구결과들이 '행복과 나이의 관계가 U자 형태를 보인다'고 주장한다. 〈이코노미스트〉를 포함한 세계적인 행복도 조사들은 한결같이, 사람들이 태어났을 때와 죽음이 가까워질 때 가장 큰 행복을 느낀다는 결과를 도출하고 있다.

브루킹스연구소 수석연구원 조너선 라우시는 자신의 책《인생은 왜 50부터 반등하는가》에서 U자 모양의 행복 곡선이 우리 유전자 속에 깊이 새겨져 있다면서 행복도가 40대에 가장 낮았다가 오십쯤부터 서서히 반등한다고 주장했다. 국가별 행복도에 따라 약간 다르기는 하지만 대체적으로는 다음 그림에서 보는 것처럼 행복도가 상위권이거나 중위권인 국가들은 인생의 만족도가 40대에 가장 낮았다가 서서히 반등하고, 행복도 하위권 국가는 50대에 가장 낮았다가 서서히 반등하는 것으로 나타난다.

인생 만족도와 나이 (보정치, 2005~2014)

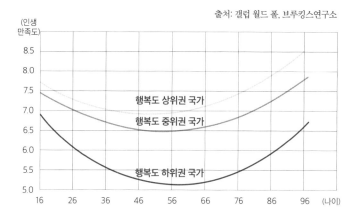

출처: 갤럽 월드 폴, 브루킹스연구소

이와 유사한 연구는 이전에도 많이 있었다. 40개국에서 6만 명의 성인을 대상으로 한 대규모 연구에서는 인생에 대한 만족도, 유쾌함, 불쾌함의 구성요소로 나누어 연구한 결과, 나이가 듦에 따라 유쾌함은 서서히 감소하고 불쾌함은 변화가 없었던 반면 인생에 대한 만족감은 서서히 증가하는 것으로 나타났고, 여자 37세, 남자 42세 때 인생에 대한 만족도가 가장 낮다는 연구결과도 있었다. 즉 우리가 인생에서 가장 생산적이고 그래서 가장 행복할 것으로 생각하는 30~40대가 사실은 가장 행복감이 낮은 시기이고, 가장 행복하지 않으리라고 여겨지는 노년기에 오히려 행복감이 더 높다는 것이다.

그렇다면 객관적으로는 도저히 행복하지 못할 것 같

은 나이에 행복감을 느끼는, 이 역설적인 상황을 어떻게 이해해야 할까? 그 해답은 바로 앞에서 이야기한 '인생의 다양한 측면을 통합할 수 있는 능력'에 있다고 생각한다. 나이가 들면 이 세상이 낙원이 아니고, 이 세상이 평화롭고 편안하기만 한 곳이 아니라는 걸 잘 알게 된다. 그렇지만 인생의 희로애락과 다양한 측면을 통합하고 받아들이기 때문에 깨진 바위틈의 작은 덤불 속에 보금자리를 튼 한 마리 새처럼 평화로움과 행복감을 느끼는 것이다.

어렸을 때는 전쟁 중에 꽃피는 사랑을 다룬 영화 같은 걸 볼 때, 현실감이 없다고 생각했지만 지금은 안다. 전쟁 아니라 그 이상의 비극과 재난 속에서도 사랑은 꽃피고, 손바닥만 한 행복도 맛볼 수 있다는 걸, 그게 인생이라는 걸.

나이 들면서 불필요한 것은 기억에서 지워버리고 중요한 정보만 기억하며, 꼭 필요한 기준들로만 사물을 판단하고 결정하는 능력을 갖게 되는 것도 행복의 비결이다. 지지리 고생했던 아픈 기억을 떠올리는 대신 맥락과 상징, 은유 등을 사용하여 더 높은 차원의 의미를 만들어내는 능력 말이다. 굴곡진 현대사의 파도에 휩쓸려 파란만장한 인생을 살았던 노인들이 "요즘 고생은 고생도 아니다. 지금보다 더 힘든 때도 많았다"라고 말하는 것처럼 말이다.

그런데 최근의 뇌과학 연구결과를 보면, 나이 든 사람이 더 행복한 이유가 '뇌'에도 있는 것 같다. 흥미로운 일이다. 오십을 전후한 사람, 그중에서도 45~53세의 뇌가 인생에서 가장 뛰어난 뇌라는 연구결과들이 속속 등장하고 있는데, 특히 관심을 끄는 건 이 연령대의 뇌가 뛰어난 이유가 뇌의 긍정성, 혹은 동시에 좌우 뇌를 사용하는 능력 때문이라는 연구결과들이다.

〈뉴욕타임스〉의 건강 및 의학 전문기자 바버라 스트로치는 산전수전 다 겪은 사람의 뇌는 의도적으로 긍정적인 정보에 초점을 맞춘다는 점에 주목했다. 나이 들수록 감정통제 능력이 좋아져 사태를 침착하게, 낙관적으로 해석하게 되면서 뇌의 상태가 좋아지고, 또 뇌의 상태가 좋아지면서 위기관리 능력도 커진다는 것이다. 그런가 하면 토론토대학교 신경과학자 셰릴 그레이디(Cheryl L. Grady)의 언어테스트 결과에 의하면, 젊은 사람들이 한 번에 한쪽 뇌만 사용하는 데 비해 나이 든 사람들은 좌뇌, 우뇌를 동시에 함께 사용하기 때문에 기발한 아이디어를 내는 경우가 많고, 안될 일도 되게 하는 등 두뇌 능력이 전반적으로 좋아진다고 한다.

이상의 주장들을 종합해보면 나이가 들수록 뇌 상태가 좋아지기 때문에 마음도 긍정적인 상태가 되고 지혜로워지고, 그래서 행복해지는 거라고 말할 수 있고, 또 그 역도 가능한 게 아닐까 조심스럽게 추론해본다.

그러니 지금 오십 전후의 당신에게는 여러모로 행복

한 미래가 남아 있는 셈이다. 당신 인생의 여러 측면을 잘 통합할 수 있다면 더 행복해질 수 있을 거라고 확신한다. 그러니 당신의 인생에 대해서 너무 일찍 속단하지 말라고 말하고 싶다. 실패한 인생이라고? 아픈 일이 너무 많았다고? 이긴 적보다 패배한 적이 더 많았다고? 그건 더 나이 든 후에, 아니 어쩌면 죽은 후에야 확실히 알 수 있는 것들이다. 자꾸 절망스럽게 느껴지는가? 살다 보면 몇 번쯤 절망할 일도 생기겠지만, 그건 누구의 삶도 마찬가지라는 걸 잊지 말자.

게다가 인생은 반전의 연속이다. 막다른 골목인가 하면 또 다른 골목이 펼쳐지는 흥미진진한 여정이다. 우리 프로그램에 참여했던 사람들의 역사에도 반전의 이야기는 차고 넘쳤다. 마흔 살에 이혼한 후에 혼자 아이 둘의 학비 마련하느라 여기저기 아픈 몸을 이끌고 숨차게 살아야 했던 Y씨는 인생의 가장 힘든 시기에 사랑하고 의지했던 친정어머니마저 세상을 떴을 때 인생의 바닥으로 추락하는 기분이었다고 했다. 하지만 그의 다음 이야기에는 놀라운 반전이 숨어 있었다. 아프고 힘든 내용으로 이어질 것이라는 예상과는 달라도 한참 달랐기 때문이다.

어머니 장례를 치루고 난 후 아무도 만나고 싶지 않았다. 일도 쉬면서 평생 처음으로 고독한 시간을 가졌다. 아이들이 학교에 가고 나면 하루 종일 멍하니 누워 있거나 잠을 잤다. 그런데 어느 날 정신을 차리고 보니 그렇게 심하던 두통과 위염 증세가 싹 사라졌다. 처음에는 그냥 몸도 너무 놀랐나 보다, 생각했다. 그런데 그게 아니었다. 몸뿐만 아니라 정신도 맑아졌다. 지금도 기억한다. 그때 엄마를 잃고 슬픔에 잠겨 있을 때 내 정신은 가장 명료했고 의식은 깨었고, 인생의 의미를 꿰뚫는 기분이었다. 그런 기분은 생전 처음이었다.

그때 현실적으로는 많이 힘들었다. 집도 없고, 돈도 없었다. 하지만 엄마의 죽음이라는 사건이 너무나 강렬해서 다른 건 하나도 중요하지 않았다. 그저 한 생명을 잃었고, 또 다른 생명들을 먹여 살려야 한다는 단순한 마음만 있었다. 엄마의 죽음은 내 인생의 가장 큰 변곡점이었다. 그때쯤부터 난 강해졌다. 지금도 가끔 그때의 순수했던 그 마음, 새벽 초승달처럼 깨끗하고 명료했던 그 순간으로 돌아가고 싶다는 생각이 들 정도로 그 시간들은 소중했다. 엄마의 죽음이라는 가슴 찢어지는 아픔을 겪은 대가로 크나큰 선물을 받았다고 지금도 생각한다.

Y씨의 이야기를 보면서 노팅엄대학교의 스티븐 조지

프(Stepen Joseph) 교수가 주장한 '외상 후 성장(PTG, Post Traumatic Growth)'의 개념이 떠올랐다. 외상을 입은 후에 거의 모든 사람은 극심한 충격을 받고 우울증과 불안 증세를 경험한다. 하지만 시간이 지날수록 충격에 대처하는 개인의 행동에는 차이가 생긴다는 것이다. 한쪽 끝에는 충격을 극복하지 못하고 극심한 우울증에 빠지고 심지어 자살에 이르기도 하는, 외상 후 스트레스성 장애(PTSD)를 심하게 겪는 사람들이 있는 반면 또 다른 한쪽 끝에는 외상 이후에 단순한 회복을 넘어 더 강인해지고 성장하는 사람들, 즉 외상 후에 더 긍정적으로 변하고 더 행복해지는 사람들도 있다는 것이다.

A씨의 후기에도 반전의 이야기가 들어 있었다. 그는 자신의 인생 전체를 돌아볼 때, 여러 면에서 가장 화려했던 30대가 가장 후회스럽고 지우고 싶은 시절이었고, 반면에 직장을 비롯해서 많은 걸 잃은 지금이 오히려 행복하다고 썼다.

돌아보면 내 인생에서 가장 화려했던 시기는 30대 중반쯤이었다. 그땐 어엿한 직장도 있었고, 돈, 젊음, 미모, 인기 등등 모든 걸 가졌었다. 하지만 혹시 인생의 한 부분을 지울 수 있다면 가장 잘나가고 화려했던 그 시절을 지우고 싶다. 그 시절은 내 마음속 깊은 곳의 흑역사로 남아 있다. 일생일대의 시험의 시기였고 죄도 많이 지었다. 다행인 건 그때 바닥을 쳐서 그런지 나이 들수록 조금씩 나아지고 있다는 점이다. 난 젊음을 대단하게 생각하지 않는다.

인생의 아픔을 아는 사람, 흔들리는 사람이 좋다

이 프로그램을 진행하면서 인간이란 자기가 겪는 고통에 의미를 부여할 수 없으면 쉽게 좌절하지만, 고통에 의미를 부여할 수만 있다면 어떤 것도 이겨낼 수 있는 존재라는 걸 깨달았다.

그리고 인생의 굴곡을 경험한 사람, 아픔을 겪은 사람들을 볼 때마다 지하자원이 풍부한 사람이라는 느낌도 들었다. 힘들 때마다 예전의 슬펐던 기억, 실패했던 일을 떠올리며 '그 힘든 시절을 참 잘 견뎠구나. 나 참 대단해!' 이렇게 말할 수 있는 지하자원 말이다.

그래서 인생의 아픔을 아는 사람이 좋다. 아픈 과거를 가지고 있는 사람, 현재에도 걱정거리 몇 개쯤 가지고 있는 사람이 좋다. 이런 사람들은 이야깃거리도 무궁무진하고 재미도 있다. 반면에 자기는 세상 행복한 사람이라고 강조하는 사람, 그러면서도 무슨 이유인지 얼굴이 경직되어 있고 불안감, 중압감이 심한 사람들은 보기만 해도 위태롭다.

이 프로그램을 진행하면서 이기는 게 반드시 행복한 게 아니라는 것도 실감했다. 직장에서는 이기고 인생에서는 지는 사람보다 직장에서 지더라도 인생에서 이기는 사람이 더 행복하고, 특히 누군가와의 관계에서 '이겼지만 불행한 사람'보다는 '졌지만 행복한 사람'이 되는 게 더 남는 장사라는 것도 알게 되었다.

그리고 나만 행복하면 그만이라고 생각하는 사람보다 남의 불행에 눈물지을 줄 아는 사람이 좋다. 그래서 첫 아이를 낳았을 때 행복했지만, 이 세상에는 자신의 아이가 가진 것을 못 가진 아이들이 많다는 생각에 눈물을 흘렸다는 Y씨의 마음이 유난히 따뜻하게 다가왔던 것 같다.

첫 아이를 낳았을 때 참 행복했다. 이 아이가 느끼는 행복과 평화를 내내 지켜주리라 결심하고 뿌듯해지는 순간이었다. 그런데 마침 그날, TV에는 중국의 '한 아이 출산정책'으로 희생양이 되는 중국 여아 살해에 관한 르포가 흘러나왔다. 버려진 여아들이 집단 양육되는 시설에서 제때 기저귀를 갈지 못하거나 충분히 영양 섭취를 하지 못하는 장면이 화면에 나왔다. 당연히 어른이 충분히 안아주지도 못하는 상황이었다. 나는 축축하고 차가운 기저귀의 감각과 따스한 포옹을 기다리는 허전한 결핍이 느껴져서 내 아이를 안고 울었다. 세상 모든 아이들이 내 아이만큼의 보살핌을 받는다면 얼마나 좋을까, 마음으로 빌었다.

후기에, 나이 들어서도 여전히 마음이 흔들린다며 고민을 털어놓은 K씨는 자신도 여전히 흔들리는 사람이기에 다른 누군가를 심판할 수 없다는 글을 써서 모두에게 깊은 인상을 남겼다.

오십이 넘었는데도 여전히 마음이 오락가락한다. 작은 바람에도 흔들리는 나뭇가지 같다. 이 나이에도 여전히 주고 싶은 마음과 받고 싶은 마음 사이에서 흔들리고, 섭섭하고 억울한 마음에 마음이 흔들린다. 내가 왜 이러지? 실망할 때가 많다. 그래도 한 가지 좋은 점은 다른 사람을 심판하지 않게 되었다는 점이다. 나 자신도 흔들리고 어디로 튈지 모르는데 이런 내가 어떻게 남을 심판하고 손가락질할 수 있겠나, 생각한다.

그렇다. 비록 지금 우리가 희망에 관한 이야기를 하

고 있지만, 인생을 살아가는 동안 고통의 시간, 실망의 시간은 계속될 것이다. 살아 있는 한 방황하는 존재가 인간 아닌가. 그러므로 흔들리고 고민한다는 건 우리가 살아 있다는 증거일 것이다. 오십이 넘었다고 해서 하루아침에 자신만만해지고 자기가 항상 옳다는 확신이 생기지는 않을 것이다. 그러므로 남의 실수나 잘못에도 더 관대해질 수 있는 것이다.

나는 한발 더 나아가서 흔들림을 통해 힘이 생기고, 인생에 생생함이 더해진다고 생각한다. 혹시 지나치게 낙관적인 이야기처럼 들리는가? 아니다. 이건 나름 과학적인 근거를 가지는 주장이다. 최근의 뇌과학에 의하면 인간의 뇌는 예측 불가능한 삶을 원한다고 한다. 예일대 뇌과학자들의 연구결과에 의하면, 불확실한 환경에서 뇌 전두엽이 더 왕성하게 활동하는 것으로 나타났다. 즉 우리 인간은 안정되고 확실한 것을 추구하지만, 막상 우리의 뇌는 확실한 것보다는 불확실한 것을 훨씬 좋아하고, 불확실한 상황에서 더 열심히 일한다는 것이다. 만약에 내 삶의 모든 게 미리 정해져 있다면, 혹은 나의 미래가 항상 예측 가능하다면, 그래서 내가 흔들리거나 고민할 일도 없고 방황할 일도 없다면 나의 뇌는 마냥 게을러지고 뭘 배우려고도 하지 않고, 아무 일도 하지 않을 것이다.

그러므로 오십의 나이에도 고민이 많고, 마음이 흔들

린다고 걱정하지 말자. 만약에 그렇다고 하더라도 당신의 뇌는 웃음을 감추지 못하는 표정으로 이렇게 말할 것이다. "역시 우리 주인님은 예측 가능한 분이 아냐. 그래서 맘에 든다니까. 자 이제 내가 더 열심히 일해야겠다."

아메리카 인디언들은 목걸이를 만들 때 일부러 흠집이 있거나 깨진 구슬을 하나씩 넣으면서 그걸 '영혼의 구슬(soul bead)'이라고 부른다고 한다. 모든 것에는 문제가 있고, 완벽한 것은 없다고 생각하는 그들의 지혜를 보여주는 대목이다. 인생이라는 목걸이에도 좋은 구슬과 덜 좋은 구슬, 흠집 나고 깨진 구슬이 섞여 있다고 생각하자. 좋은 삶에는 거친 모래와 바람이 어느 정도 섞여 있어야 한다는 사실을 받아들이자. 내게 강점, 약점이 있듯이 내 인생에도 좋은 일, 나쁜 일이 있었다는 걸 받아들이자. 앞으로도 그렇게 하자.

참고문헌

●

서문

- 다치바나 다카시, 《자기 역사를 쓴다는 것》, 바다출판사, 2013
- 오십 무렵의 뇌가 인생에서 가장 우수하다는 최근 뇌과학 연구 결과들은 〈뉴욕타임스〉의 건강 및 의학 전문기자 바버라 스트로치 (Babara Strauch)가 쓴 《가장 뛰어난 중년의 뇌》(해나무, 2011) 등 참조

1장

- 토마스 무어(Thomas Moore), 《나이 공부》, 소소의책, 2019
- 존 크럼볼츠(John D. Krumboltz)의 '계획된 우연성 이론(Planned Happenstance Theory)'에 관한 자세한 내용은 Luck is No Accident: Making the Most of Happenstance in Your Life and Career, second ed., Impact Publishers, 2010, 요시히코 모로토미가 쓴《행

운에도 법칙이 있다, 우연을 기회로 바꾸는 인생》(앱투스미디어, 2009)
참조

- 로버트 스티븐 캐플런(R. S. Kaplan), 《나와 마주서는 용기》, 비즈니
스북스, 2015
- 유발 하라리, 《21세기를 위한 21가지 제언》, 김영사, 2018
- 다미 샤르프(Dami Charf), 《당신의 어린 시절이 울고 있다》, 동양북
스, 2020
- 린다 그래튼(Lynda Gratton), 앤드루 스콧(Andrew Scott), 《100세
인생》, 클, 2017
- 메타인지에 관해서는 존 플라벨(J. H. Flavell)의 논문 "Meta
cognitive aspects of problem solving" in L.B. Resnick(ed.), The
Nature of Intelligence, Hillsdale, NJ: Lawrence Erlbaum, 오봉근
의 《메타인지, 생각의 기술》(원앤원북스, 2020) 등 참조
- 가브리엘 가르시아 마르케스(Gabriel Garcia Marquez), 《이야기하
기 위해 살다》, 민음사, 2007.
- 김은성, 《내 어머니 이야기》, 문학동네, 2020
- 노년기에 그룹으로 자서전을 쓰는 것이 인지적 손상이나 치매로부
터 벗어나도록 돕는다는 연구결과는 G. Hughston & S. Merriam,
"Reminiscence: A Nonformal Technique for Improving
Cognitive Functioning in the Aged, Journal of Aging and
Human Development, 15, 1982, 139-149쪽 참조

2장

- 소설가 조정래가 말한 성찰적 글쓰기에 관한 내용은 조정래, 《소설
창작, 나와 세계가 만나는 길》(한국문화사, 2000) 참조

• 나이를 바꿔 달라고 소송을 제기한 네덜란드인에 관한 기사는 국민일보, '내 나이 49세로 바꿔줘 소송 건 69세 노인이 패소한 이유'(2018년 12월 4일자) 참조

• 로버트 그린(Robert Greene), 《인간본성의 법칙》, 위즈덤하우스, 2020

• 황현산, 《밤이 선생이다》, 난다, 2013

• 마사 누스바움, 솔 레브모어, 《지혜롭게 나이 든다는 것》, 어크로스, 2018

• 악셀 호네트, 《인정 투쟁》, 사월의책, 2018

• 인정중독에 관한 자세한 내용은 이인수 · 이무석, 《누구의 인정도 아닌》(위즈덤하우스, 2017) 참조

• 칭찬중독에 관한 자세한 내용은 '자신감과 열등감 사이에서 방황하는 여자들을 위한 심리처방전'이라는 부제가 달린 책, 배르벨 바르데츠키(Barbel Wardetzki), 《나는 괜찮지 않다》(와이즈베리, 2016) 참조

• 특정 검색어의 추세를 보여주는 '구글 트렌드'를 5년간 연구한 책은 세스 스티븐스 다비도위츠(Seth Stephens-Davidowitz), 《모두 거짓말을 한다》, 더퀘스트, 2018

• 불안감을 주는 사진만으로도 인간의 편도체에 반응을 일으킬 수 있다는 연구 결과는 R.J. Davidson, "Empirical Explorations of Mindfulness: Conceptual and Methodological Conundrums." Emotion 10, no. 1, 2010, 페트리샤 코헨, 《나이를 속이는 나이》(돋을새김, 2014, 227-229쪽)에서 재인용

• '강인한 정신력'이라는 개념에 대해 회의적인 결론을 내린 연구들에 관한 자세한 내용은 프레데리케 파브리티우스, 한스 하게만, 《뇌를 읽다》(빈티지하우스, 2018) 참조

• 우리의 뇌가 '의도적 외면'을 통해 불편한 정보는 차단한다는 내용에 대해서는 Margaret Heffernan, Willful Blindness: Why We

Ignore the Obvious at our Peril, Bloomsbury Publishing, 2011 참조

3장

• 비렌(J. E. Birren)과 더치맨(D. E. Deutchman)이 말한 '개인적인 권리 보호'의 개념에 대해서는 James E. Birren, Donna E. Deutchman, Guiding Autobiography Groups for Older Adults, The Johns Hopkins University Press, 1993 참조

• '초감정(meta emotion)'에 관한 자세한 내용은 John M. Gottman, Lyn F. Katz, Carole Hooven, Meta Emotion: How Families Communicate Emotionally, Routledge, 2013 참조

• 제임스 그로스(James Gross)와 제인 리처드(Jane Richard) 교수의 감정을 억누르는 실험에 관한 자세한 내용은 Jane M. Richards, James J. Gross, "Composure at Any Cost? The Cognitive Consequences of Emotion Suppression", Personality and social Psychology Bulletin, Vol.25, No.8, 1999, 1033-1044쪽 참조

• 리처드 스티븐스(Richard Stephens) 교수 등이 했던 '욕설 실험'에 관한 자세한 내용은 R. Stephens, J. Atkins, A. Kingston, "Swearing as a Response to Pain", NeuroReport 20(12), 2009, 1056-1060쪽 참조

• 덴마크 사람들이 전 세계에서 항우울제를 가장 많이 복용한다는 내용, 그리고 덴마크 사람들이 항우울제를 많이 복용하는 것은 다른 나라 사람들보다 더 불행해서가 아니라는 코펜하겐 대학교 약학과의 클라우스 묄드룹(Claus Moldrup) 교수의 주장 등에 대해서는 마이클 부스, 《거의 완벽에 가까운 사람들》(글항아리, 2018), 말레네 뤼달, 《덴

마크 사람들처럼》(로그인, 2015) 등 참조

- 시모주 아키코,《가족이라는 병》, 살림, 2015
- 보웬(M. Bowen)이 강조한 '다세대 전수과정', '자아 분화', '가족 내 삼각관계', '가족투사' 등의 개념에 대한 내용은 조홍식 외,《가족복지학》(학지사, 2017) 참조
- 김동선,《야마토마치에서 만난 노인들》, 궁리, 2004
- 조셉 슈랜드, 리 디바인,《디퓨징, 분노 해소의 기술》, 더퀘스트, 2013
- 정혜신,《당신이 옳다》, 해냄출판사, 2018
- 앤드루 리,《기막힌 존재감》, 흐름출판, 2011

4장

- 로저스(C. Rogers)는 인본주의적 심리학을 대표하는 학자로서 78세 때 쓴 그의 이야기는 에릭슨 · 스키너 · 로저스 공저,《노년기의 의미와 즐거움》(학지사, 2000) 중 제7장 '노년기의 즐거움' 참조
- 마이클 마멋(M. Marmot)이 주장한 '지위 신드롬(The Status Syndrome)'에 관한 자세한 내용은《사회적 지위가 건강과 수명을 결정한다》(에코리브르, 2006) 참조
- 신형철, "나쁜 비판의 잉여 쾌락", 경향신문, 2020년 7월 23일자
- 폴 발테스(Paul Baltes)는 전 생애에 걸친 인간발달과 지혜에 관해 연구한 독일의 노화심리학자, 발달심리학자로서 SOC 전략에 관한 자세한 내용은 P.B. Baltes & M.M. Baltes, Successful Aging, Cambridge Univ. Press, 1990 참조
- 성장 마인드셋에 관한 자세한 내용은 캐럴 드웩(Carol Dweck),《마인드셋》(스몰빅라이프, 2017) 참조

• 로라 카스텐슨(Laura Carstensen) 등이 주장한 '사회정서 선택이론'은 L. L. Carstensen, D. Isaacowitz, S. T. Charles, "Taking time seriously: A theory of socioemotional selectivity", American Psychologist, 54(3), 1999 참조

• 조너선 라우시(Jonathan Rauch),《인생은 왜 50부터 반등하는가》, 부키, 2021

DoM 008

오래된 나와 화해하는 자기 역사 쓰기의 즐거움
기꺼이 오십, 나를 다시 배워야 할 시간

초판 1쇄 인쇄 2022년 2월 18일
초판 1쇄 발행 2022년 3월 11일

지은이 한혜경
펴낸이 최만규

펴낸곳 월요일의꿈
출판등록 제25100-2020-000035호
연락처 010-3061-4655
이메일 dom@mondaydream.co.kr

ISBN 979-11-92044-04-0 (03330)

'월요일의꿈'은 일상에 지쳐 마음의 여유를 잃은 이들에게 일상의 의미와 희망을 되
새기고 싶다는 마음으로 지은 이름입니다. 월요일의꿈의 로고인 '도도한 느림보'는
세상의 속도가 아닌 나만의 속도로 하루하루를 당당하게, 도도하게 살아가는 것도 괜찮다는
뜻을 담았습니다.
"조금 느리면 어떤가요? 나에게 맞는 속도라면, 세상에 작은 행복을 선물하는 방향이라면 그
게 일상의 의미이자 행복이 아닐까요?" 이런 마음을 담은 알찬 내용의 원고를 기다리고 있습
니다. 기획 의도와 간단한 개요를 연락처와 함께 dom@mondaydream.co.kr로 보내주시
기 바랍니다.